Impressum

Text: Yannic Oliver Ahl, Annika Ließ, Friederike Meisner, Eva Schuster
Lektorat & Satz: rap verlag
Grafik: www.gudrunbarthdesign.com
Druck und Weiterverarbeitung: oeding print GmbH, Braunschweig

RECYCLED
Papier aus
Recyclingmaterial
FSC® C013861

ISBN: 978-3-942733-10-6

1. Auflage 2013

© rap verlag, Freiburg im Breisgau, in der R.A.P. Presse-Verlag-Werbung GmbH

Kontakt: kontakt@rap-verlag.de

Alle Angaben in diesem Stadtführer erfolgen ohne Gewähr und ohne Anspruch auf Vollständigkeit.

>ENDLICH HANNOVER!«

Dein Stadtführer

Hannover ... endlich!

Oder? Na ja, um eine Weltstadt handelt es sich bei dem Ort an der Leine natürlich nur bedingt und zugegebenermaßen ist Hannover vielleicht nicht gerade die Traumstadt aller Studenten. Zumindest nicht auf Anhieb ... Aber jetzt kommst Du und wirst Hannoveraner und genau jetzt bekommst Du die Gelegenheit festzustellen, wie toll die Stadt tatsächlich ist!

Du bist jedenfalls bereit, die Stadt auf Anhieb zu mögen. Aber wie? Was tun, um nicht in alle Fallen zu tappen, die eine neue Umgebung am Anfang bereithält? Wie vermeiden, dass man  unzählige Abende in den falschen Clubs abhängt, versehentlich die schlechtesten Lieferservices der Stadt ausprobiert und am Ende sogar noch ausgerechnet in den Stadtteil zieht, der langfristig so gar nicht zu einem passt?

Meist dauert es eine halbe Ewigkeit, bis man sich richtig gut auskennt und bis dahin muss man so einiges über sich ergehen lassen. Aber jetzt ist Schluss damit: Dieses Buch soll Dir eben diese Jahre voller Selbstversuche, Entgleisungen und Kompromisse ersparen und Dir helfen, Dich in Deiner Stadt von Anfang an zu Hause zu fühlen. Essen, Trinken, Feiern und Genießen, Freizeit, Kultur, Spaß und einfach Leben – genau darum geht es in

» ENDLICH HANNOVER! «

Damit Du das alles so richtig auskosten kannst, sind unsere Autorinnen und Autoren durch die ganze Stadt gestreift – immer auf der Suche nach den schönsten Ecken, den besten Leckerbissen, den ausgefallensten Kuriositäten und dem besonderen Etwas in Hannover. Sie haben viele, viele Kilometer zu Fuß, mit dem Fahrrad, den Öffentlichen

oder dem Auto zurückgelegt, Klemmbrett und Kamera in der Hand. Haben Notizen gemacht, Fotos geschossen und dabei Regen und Wind getrotzt. Das alles hat sich aber wirklich gelohnt, denn heute hältst Du tatsächlich dieses Buch in Deinen Händen.

Es ist vorläufig fertig, soll sich aber als Dein persönlicher Ratgeber und Begleiter immer wieder verändern und weiterentwickeln. Das Tolle ist also, Du darfst – ja sollst sogar – in diesem Buch herummalen, Kommentare an den Rand schreiben, Sachen durchstreichen, markieren und aktualisieren und ihm Deine persönliche Note verleihen (Natürlich nur, wenn es Dir auch gehört, nicht, wenn Du es gerade im Buchladen anschaust). Um Dir die Hemmungen zu nehmen, haben wir selbst schon einmal angefangen mit kritzeln, malen und markieren ...

Wir wünschen Dir viel Spaß mit

» ENDLICH HANNOVER! «

und Deiner neuen Stadt!

Dein **rap** verlag

jetzt auch online:
www.facebook.com/EndlichHannover

Häus

zu Hause

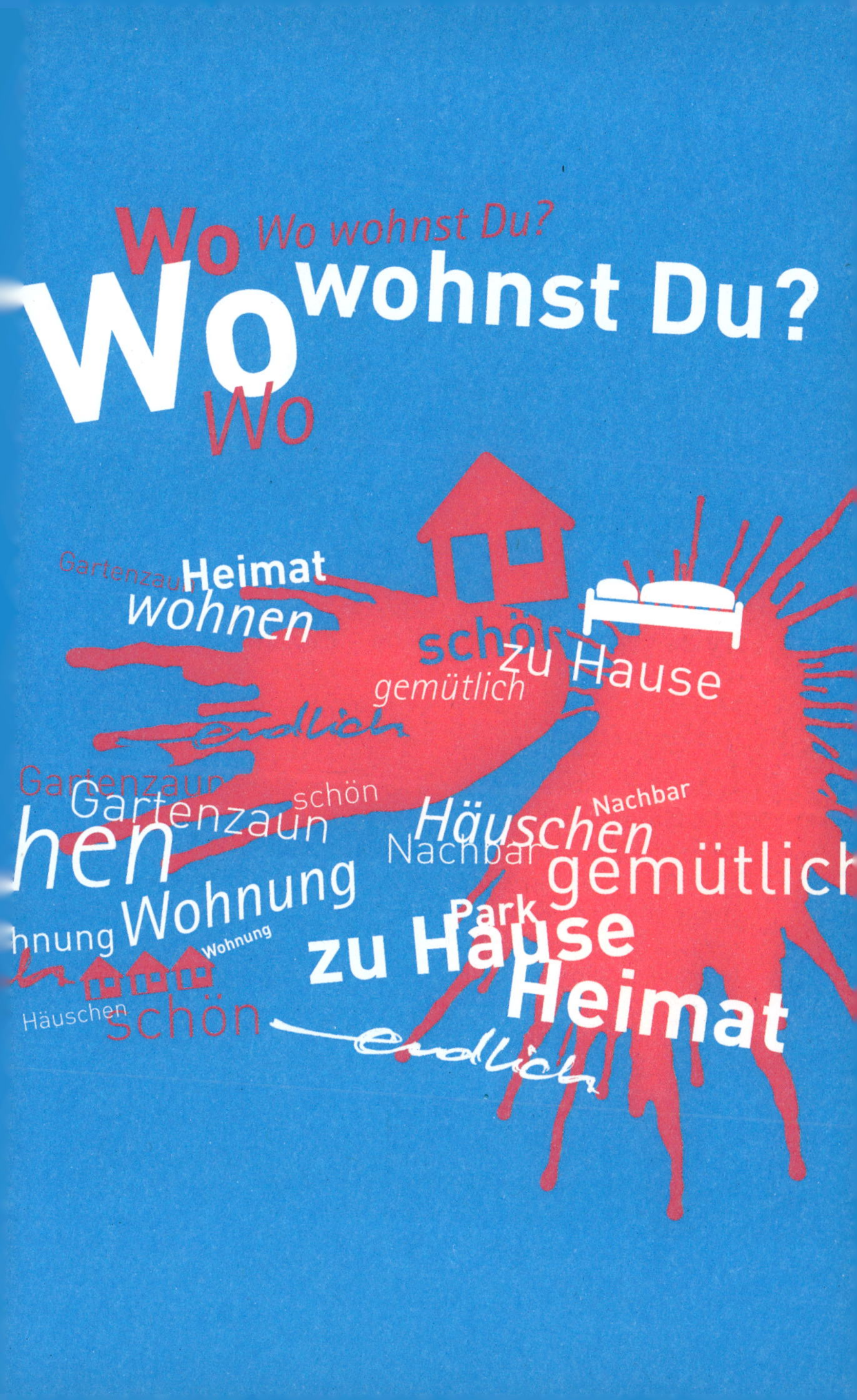
Wo
Wo wohnst Du?
Wo wohnst Du?
Wo
Gartenzaun
Heimat
wohnen
schön
zu Hause
gemütlich
endlich
Gartenzaun
Gartenzaun
schön
Nachbar
Häuschen
hen
Nachbar
gemütlich
Wohnung
Park
hnung
Wohnung
zu Hause
Heimat
Häuschen
schön
endlich

zu Hause   Park
gemütlich   Heimat
wohnen

Gebrauchsanweisung

Hannover kennen zu lernen ist
gar nicht mal so schwer, denn
praktischerweise ist es so,
dass, von der Stadtmitte aus
gesehen, durch fast alle angrenzenden Stadtteile lange Straßen
führen. Diese bringen Dich in alle
Himmelsrichtungen. Was dann jeweils
dazwischen liegt oder am Ende kommt,
findest Du in der Stadt der kurzen Wege
nach und nach heraus. Wenn Du also Richtung Süden die Marienstraße und die Hildesheimer Straße, gen Norden den „E-Damm"
und die Vahrenwalder Straße, im Osten die Lister Meile und die
„Podbi" und schlussendlich im Westen die Limmerstraße mal
beschritten hast, dann hast Du die Hauptschlagadern vieler Stadtteile bereits entdeckt.

Jetzt kannst Du Dich bereits grob orientieren, aber wenn es darum
geht, Dich zu entscheiden, wo Du wohnen möchstest, solltest Du
die einzelnen Stadtteile etwas genauer kennen. Schließlich soll es
ja ein Ort sein, an dem Du Dich so richtig wohlfühlst. Am wichtigsten für Dich als Neu-Hannoveraner ist es, eine kuschelige Wohnung zu finden, in der Du entspannen, feiern, kochen, Freunde
beherbergen, also einfach leben kannst. Wo Du gut wohnst und das
findest, was Deinen Vorstellungen – und nicht zuletzt Deinem Bud-
get – entspricht, weißt Du auf den ersten Blick nicht, wenn Du
Namen wie „Vahrenwald", „Bult" oder „Hainholz" liest. Da bist Du
eigentlich genauso schlau wie vorher.

Um Dir den Start in der neuen Stadt zu erleichtern, stellen wir Dir
in gut verdaulichen Häppchen die einzelnen Stadtteile vor.
Zuerst wichtige, zentrale Stadtteile, dann etwas knapper nach

Randbezirken geordnet die vielen anderen. Das entsprechende Flair vermitteln wir Dir gleich mit. So wird Dir die Entscheidung leichter fallen, ob Du hier wohnen, oder doch lieber nur mal vorbeischauen  möchtest. Die gelben Info-Boxen geben Dir die wichtigsten Eckdaten im Überblick.

Einwohnerdichte: In Hannover haben die Leute sehr unterschiedllich viel Platz. Es gibt Stadtteile, da kann man noch vors (eigene) Haus pinkeln, ohne Ärger zu riskieren, und solche, in denen Du fünf Nachbarn gleichzeitig in die Wohnung gucken kannst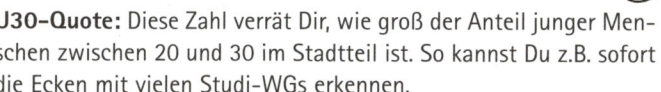

U30-Quote: Diese Zahl verrät Dir, wie groß der Anteil junger Menschen zwischen 20 und 30 im Stadtteil ist. So kannst Du z.B. sofort die Ecken mit vielen Studi-WGs erkennen.

Distanz zum Kröpcke: Der Kröpcke ist DER zentrale Platz in der Innenstadt. Rundrum hast Du die Shoppingmeile, die Altstadt und den Bahnhof – ideal als Treffpunkt geeignet und um einzuschätzen, wie „nah dran" ein Stadtteil ist. Die Distanz zum Kröpcke ist für Dich vielleicht ein wichtiger Faktor für Deine Wohnungssuche.

Grünfläche: Hannover hat wirklich etliche Parks und viel Wald zu bieten, aber es ist nicht überall gleich grün. In einigen Stadtteilen fällt es viel leichter, ein Fleckchen Natur zum Erholen zu finden, als in anderen.

Stadtteilrekord: Der Stadtteilrekord zeigt Dir, worin die Hannoveraner sonst noch so spitze sind – von offensichtlich, bis skurril.

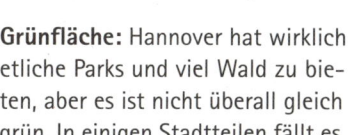
STADTTEILREKORD

NOTIZEN

Natürlich haben die einzelnen Bezirke, auch wenn es auf den ersten Blick manchmal nicht so scheint, ihre besonderen Plätze mit toller Aussicht, einem Fleckchen Grün, einem romantischen Lokal oder einem alternativen Kulturzentrum.

Damit Dir nicht erst der Zufall zu Hilfe kommen muss, um auf diese außergewöhnlichen Orte zu stoßen, zeigen wir Dir die besonderen Plätze überall in der Stadt.

Hannover
endlich

endlich   endlich

zu Hause
gemütlich   Park
Heimat
wohnen

Mitte

Der Stadtteil Mitte bildet – wie Dir der Name vielleicht schon verrät – die Innenstadt Hannovers. Diese ist recht überschaubar und unterscheidet sich, was das Straßenbild angeht, nicht groß von anderen Städten. So findest Du hier beispielsweise die üblichen Kaufhaus-, Coffeeshop- und Fast-Food-Ketten, aber auch den Hauptbahnhof.

Direkt am Vordereingang steht das Ernst-August-Denkmal und zeigt – Überraschung! – den König Ernst August I., der Hannover von 1837 bis zu seinem Tod im Jahr 1851 regierte.

Bei dem 1861 entstandenen Denkmal handelt es sich um ein Pferd mit Reiter und das Plätzchen unter dem Pferdeschwanz hat sich zum beliebten Treffpunkt der Hannoveraner entwickelt. „Unterm Schwanz" kann sich jeder gut merken und es ist fast unmöglich, sich hier zu verfehlen. s. auch „Besuch? Tourikram ...", S. 159

Da im Krieg sehr viel zerstört wurde, hat Mitte nicht mehr allzu viel alte Bausubstanz vorzuweisen, aber immerhin ein paar richtig

MEISTE
SINGLE-HAUSHALTE

schöne Fachwerkhäuser gibt es z.B. noch in der Burgstraße. Den weit größeren Anteil im Viertel haben die Nachkriegsbauten.

Und da in Hannover irgendwie alles sehr kompakt ist, liegt die beschauliche, historische Altstadt neben dem rot- bzw. zwielichtigen Mini-Kiez am Steintor. Nicht nur die Marktkirche sowie das Alte und das Neue Rathaus stehen hier, Einkaufsmöglichkeiten gibt es ebenfalls genug und die Kneipenszene vor Ort lässt auch

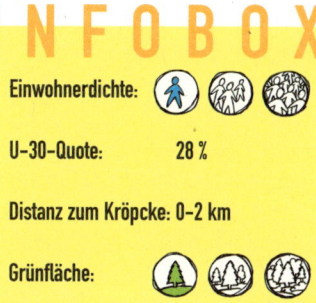

INFOBOX

Einwohnerdichte:

U-30-Quote: 28 %

Distanz zum Kröpcke: 0-2 km

Grünfläche:

keine Wünsche offen. Wenn Du in Mitte leben willst, musst Du aber etwas tiefer in die Tasche greifen, denn die Mieten sind recht hoch.

Der besondere Platz

Im neuen Rathaus, am Rande der historischen Altstadt, kannst Du mit dem einzigen **Bogenfahrstuhl** bzw. Kuppelaufzug Europas in die Kuppel des Rathauses hinauffahren und von dort einen nicht zu verachtenden Ausblick über ganz Hannover bekommen.

s. auch „Besuch? Tourikram ...", S. 163

Oststadt

Die Oststadt liegt – wenn Du vor dem Hauptbahnhof stehst – dahinter. Da dort auch die Lister Meile, die längste Fußgängerzone der Stadt, beginnt, bezeichnet selbst der Hannoveraner sie fälschlicherweise gerne als

zu Hause   Park
gemütlich   Heimat
wohnen

List. Das stimmt aber nicht, denn die Oststadt reicht bis zum Lister Platz. Zwischendrin findest Du im westlichen Teil Mietwohnungsbauten aus den 50ern. In der östlichen Oststadt, nahe der Eilenriede, gibt es schöne Altbauten und kleine Läden und Lokale, die sich rund um die bzw. auf der Lister Meile befinden.

INFOBOX

Einwohnerdichte:		
U-30-Quote:	31,3 %	
Distanz zum Kröpcke: 1,6 km		
Grünfläche:		

Da hier viele ärmere Menschen lebten und am Raschplatz auch ein Knast stand, hatte die Oststadt bis in die 70er Jahre hinein einen weniger guten Ruf. Heute wohnen vor Ort all diejenigen, die aus den typischen Studentenvierteln herausgewachsen sind, gerne in der Nähe der Innenstadt leben möchten und/oder es sich ganz einfach leisten können.

Der besondere Platz

Der **Weißekreuzplatz** bildete einst den Mittelpunkt der Oststadt. Die Grünfläche lädt aber auch heute noch zum Verweilen ein, z.B.

LÄNGSTE FUßGÄNGERZONE

um sich am Mauerdenkmal – einem hier deponierten Stück der Berliner Mauer – mal als Hauptstädter zu fühlen.

List

So, jetzt aber: Die List. Folgt also auf die Oststadt und liegt genau wie diese am Stadtwald, der Eilenriede. An einer Seite bildet der Mittellandkanal die Stadtteilgrenze. Auch wenn laut der offiziellen Einteilung des Bezirksplans List und Vahrenwald zusammengefasst werden, ist die List für den Hannoveraner irgendwie doch eher eine Verlängerung der Oststadt. Sie repräsentiert einerseits eine etwas exklusivere Wohngegend mit der einen oder anderen Villa, andererseits findest Du aber auch ganz normale Wohnhäuser hier.

Wenn Du mal einen Pelikanfüller hattest, auf Bahlsenkekse stehst oder gerne mal 'ne Schallplatte auflegst: Von hier stammen all diese netten Dinge! Im heutigen Pelikanviertel, im Podbi-Park und im Grammophon Büropark gibt es heute aber noch viel mehr zu entdecken. So kannst Du im Pelikanviertel z.B. lecker Pizza essen gehen oder ein Ferienappartement im ehemaligen Fabrikgebäude bewohnen. Im Podbi-Park findest Du das Bürgeramt, eine Bibliothek, Geschäfte und Büros. Im Grammophon Park ist ebenfalls eine Riesenmenge an

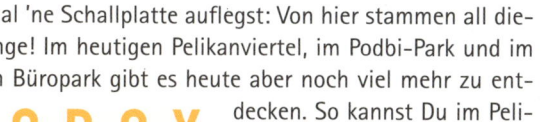

INFOBOX

Einwohnerdichte:

U-30-Quote: 30,7 %

Distanz zum Kröpcke: 2,7 km

Grünfläche:

zu Hause   Park
gemütlich   Heimat
wohnen

Büros entstanden, in denen nicht nur Rechtsanwälte, Ärzte und einige Firmen ihr Räumlichkeiten haben, sondern auch ein Teil der Verwaltung der Medizinischen Hochschule. Die lange Straße, die in der List den roten Stadtteilfaden bildet, ist die Podbielskistraße.

Der besondere Platz

Du kannst im historischen Pelikanviertel also nicht nur eine besonders gute Pizza aus dem Steinofen essen; auch die Räumlichkeiten des **XII Apostel** (Pelikanplatz 2/4) gehen über den Italiener an der Ecke hinaus. Es ist mehr ein Ritter-der-Tafelrunde meets Speisesaal-von-Hogwarths für lecker Mafiatorte. www.12-apostel.eu

Vahrenwald

Westlich der List befindet sich Vahrenwald. Rund um die Vahrenwalder Straße findet das Stadtteilleben statt und eine bunte Mischung an Leuten vom Single bis zur Familie treibt sich hier rum. Vom City-Ring – damit sind die Straßen gemeint, die quasi die Innen-

stadt umrahmen – geht die Vahrenwalder ab, eine der größten Verkehrsachsen der Stadt. Stadtauswärts führt sie auf die A2 bzw. nach Langenhagen und zum Flughafen. So ganz ruhig ist Vahrenwald also nicht, aber in den Seitenstraßen bekommst Du den Verkehr nicht ganz so extrem mit.

INFOBOX

Einwohnerdichte:	
U-30-Quote:	33,7 %
Distanz zum Kröpcke:	3,8 km
Grünfläche:	

Auch wenn es hier noch ein paar schöne Ecken gibt – dass Vahrenwald um das 12. Jahrhundert herum noch ein Dorf „vor dem Walde" war, lässt sich inzwischen nicht mehr erkennen. Das Stadtteilflair kann man im dicht bebauten Viertel nicht gerade dörflich nennen. Wer's also gerne ein bisschen lauter und urbaner mag, der wird sich hier wohlfühlen. Zur Entspannung gibt es den Stadtteilpark, den Vahrenwalder Park.

Der besondere Platz

Der liegt für historisch Interessierte in der Dragonerstraße 34. Da steht am heutigen Vahrenwalder Park die einstige **königliche Reithalle**, die sich im Lauf der Zeit zu einer international renommierten

zu Hause Park
gemütlich **Heimat**
wohnen

Kavallerieschule entwickelte. Zumindest von außen kann man diese Geschichte noch erahnen, genutzt wird das einzig verbliebene Gebäude der Anlage aber heute für Veranstaltungen ganz pferdefreier Art. Hier sind inzwischen eine Werbeagentur, ein Veranstaltungsbetrieb und ein Bürogolf-Club ansässig.

Zoo

Im Zooviertel hatte nicht nur Reichspräsident Paul von Hindenburg in den 20ern seinen Alterswohnsitz, auch Altkanzler Gerhard Schröder lebte hier bis 2009. Vor Ort befand sich übrigens auch die Kanzlei, in der er noch seinem Job als Rechtsanwalt nachging. So ist Zoo ebenfalls unter den Pseudonymen „Hindenburgviertel" oder „Kanzlerviertel" bekannt.

Obwohl hier der 22 Hektar große Zoo seinen Platz gefunden hat, verdient das Viertel den Titel „klein aber fein". Die Betonung liegt dabei auf „fein": Nördlich der Südstadt gelegen und an die List und die Oststadt angrenzend, ist dieser Stadtteil mit einigen

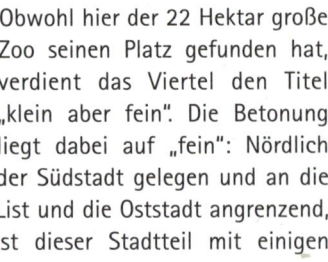

HÖCHSTE DICHTE AN
EXOTISCHEN TIEREN

1
2   3

STADTTEILDEKORD

repräsentativen Villen ausge-
stattet. Der nördliche Teil der
Eilenriede zählt ebenso zum
Zooviertel wie der Stadtpark.
Als Student kommst Du viel-
leicht hierher, wenn Du die
Hochschule für Musik oder das
Theater am Emmichplatz
besuchst – oder weil Du (hohe)
Tiere magst.

I N F O B O X

Einwohnerdichte:

U–30–Quote: 27,9 %

Distanz zum Kröpcke: 2,3 km

Grünfläche:

Der besondere Platz

Du interessierst Dich für unsere tierische Verwandtschaft? Dann
wirst Du ziemlich sicher vom **Gorillaberg** im Zoo begeistert sein. In
einer Urwaldlandschaft tummeln sich 11 Gorillas, die Du durch große Panoramafenster beobachten kannst, ohne sie zu stören. Es ist
absolut faszinierend, den großen Kollegen aus der Nähe zuzuschau-
en. Statte ihnen doch mal einen Besuch ab!

Der Zoo Hannover warte-
te im Sommer 2013 mit
einer kleinen Sensation
auf: Das erste Orang-
Utan-Baby seit 31 Jahren
wurde geboren! Erst
durch einen affigen
Vaterschaftstest konn-
te man übrigens den
Erzeuger ermitteln. Jam-
bi war's!

zu Hause   Park
gemütlich
Heimat
wohnen

Südstadt

Verlässt Du die Innenstadt
Richtung Opernplatz, landest
Du gleich darauf am „Aegi",
dem Aegidientorplatz in der
Südstadt. Von hier führen Dich die
Marienstraße und die Hildesheimer
Straße durch den Stadtteil. Da die
Eilenriede so groß ist, hat auch die Südstadt einen Zipfel davon abbekommen
und obendrein den Maschsee. Dies ist viel-
leicht der Stadtteil, in den Du ziehst, wenn Du es zentral, aber bitte nicht allzu hip oder überteuert möchtest. Denn hier ist von allem
was dabei.

INFOBOX

Einwohnerdichte:

U-30-Quote: 31,9 %

Distanz zum Kröpcke: 1,9 km

Grünfläche:

Ein gutes Gemisch aus Alt- und Neubauten prägt das Stadtteilbild.
Der Anteil an Familien hier ist ziemlich gering, dafür ist die Südstadt als Wohnviertel bei Singles sehr beliebt. Es macht aber auch
das Gerücht die Runde, dass es ein idealer Standort für Pärchen sei,
die sich allmählich aus dem trendy Nachtleben zurückziehen. Böse
Zungen würden behaupten, dass es hier langweilig ist, alle, die hier
wohnen, finden es aber offensichtlich gut.

HÖCHSTE
KARPFENDICHTE

STADTTEILOLYMPIADE

Der besondere Platz

Der **Maschsee** ist 0,8 km^2 groß und hat ziemlich viel Park drum herum. Beim meditativen Karpfenbeobachten erholt sich hier auch der gestressteste Stadtmensch.

Bult

Die Bult folgt der Südstadt unauffällig in östlicher Richtung. Hier ist es noch einen Tick ruhiger. Das könnte daran liegen, dass die Bult noch nicht mal 3.000 Einwohner hat. Davon sind viele relativ alt und leben in einer der Senioreneinrichtungen in diesem Viertel. Ansonsten findest Du hier vorwiegend Ein- und Zweifamilienhäuser und Reihenhaussiedlungen.

Der Name des Stadtteils leitet sich von dem Wort „Bulte" ab – damit ist eine „kleine, bewachsene Erhebung" gemeint. Hier wohnst Du übrigens nicht „in Bult", sondern aus irgendeinem nicht mehr nachvollziehbaren Grund „in der Bult".

Und „auf die Bult" gehen konntest Du hier bis 1970 auch, denn bis dahin gab es die Pferderennbahn „Auf der Bult", die inzwischen nach Langenhagen umgezogen ist und jetzt „Neue Bult" heißt. Dem Reitsport kann man in der

zu Hause   Park
gemütlich   Heimat
wohnen

Bult nach wie vor nachgehen, was sicher nicht zuletzt daran liegt, dass man hier entlang eines Landschaftsschutzgebietes lebt. Den Namen „Bult" wirst Du also nicht so schnell vergessen!

Der besondere Platz

„Auf der Bult" befindet sich heute ein Kinderkrankenhaus, zu dem das **„Teen Spirit Island"** gehört – eine herausragende Klinik zur Behandlung von suchtkranken Kindern und Jugendlichen. Sie hat unter anderem bundesweit erstmalig Computer- und Internetsucht behandelt.

INFOBOX

Einwohnerdichte:			
U-30-Quote:	35,3 %		
Distanz zum Kröpcke: 2,7 km			
Grünfläche:			

Nordstadt

In Hannovers Nordstadt steht das Gebäude der Hauptuni: das Welfenschloss. Den Namen hat es behalten, obwohl die Welfen irgendwann durch die Preußen entthront wurden und nie dort einzogen. Ein Jahrzehnt stand es leer, bevor es 1879 zum Sitz der Uni wurde.

Das dicht besiedelte Viertel befindet sich rund um den E-Damm und grenzt an das Grün des Welfen- bzw. Georgengartens. Du hast es zwar nicht mit einem ausgesprochenen Studentenviertel zu tun, aber eine einigermaßen hippe Atmosphäre herrscht hier trotzdem.

DER VIELLEICHT BERÜHMTESTE PENNY-MARKT DER NATION

Von der jungen Familie bis zur WG findest Du vor Ort wirklich fast alles und ziemlich multikulti ist es außerdem. Eigentlich bietet die Nordstadt in allem eine gute Mischung: Hier gibt es Bioläden genauso wie Dönerbuden, gut besuchte Spielplätze und junge, kreative Menschen, schöne Altbauten neben pragmatischen Gebäuden jüngeren Datums – und immer öfter schicke Reihenhäuser. In der Nordstadt kannst Du eben echte Vielfalt genießen.

So hat es vor Ort nicht immer ausgesehen: In den frühen 80ern fanden in Hannover die ersten Chaostage statt, eine Art Punktreffen mit Demo. Mitte der Neunziger gipfelten diese in der Nordstadt in legendären Straßenschlachten und der Plünderung eines Penny-Markts. Auf dem Gelände der einstigen Schokoladenfabrik Sprengel befindet sich noch heute ein damals entstandenes alternatives Viertel. Wer weiß, vielleicht hat die gut situierte, an der Lutherkirche kaffeeklatschende Mutti mal einen Iro getragen und zur Musik der Sex Pistols mitgegrölt?

Der besondere Platz

Besonders lauschig ist es am **Leibniztempel** im Georgengarten. Du kannst Dich mit einem guten Buch auf den Stufen des hübschen Pavillons herrlich entspannen – oder einfach nur beim Blick aufs Wasser. Und ganz nebenbei

INFOBOX

Einwohnerdichte:

U-30-Quote: 27,2 %

Distanz zum Kröpcke: 3 km

Grünfläche:

zu Hause   Park
gemütlich   Heimat
wohnen

sitzt Du neben dem ersten deutschen Denkmal für einen Nichtade-
ligen – Gottfried Wilhelm Leibniz, Bürger und Gelehrter!

Hainholz

Hainholz grenzt an die Nordstadt und das ist vielleicht das
Hauptargument dafür, hier
leben zu wollen. Laut einer
aktuellen Studie ist es einer der
Stadtteile, in denen die Hannoveraner am wenigsten zufrieden mit
der Wohn- und Lebensqualität sind. Und
das, obwohl kaum Kosten und Mühen
gescheut wurden, das Viertel attraktiver
zu machen.

INFOBOX

Einwohnerdichte:

U-30-Quote: 35,4 %

Distanz zum Kröpcke: 3,2 km

Grünfläche:

So ist hier z.B. ein Naturbad
und das modernste Familien-
zentrum der Stadt in der Volt-
merstraße entstanden und
außerdem wurde das Projekt
„Grüne Mitte Hainholz"
umgesetzt – ein ambitionier-
tes Vorhaben, das der Gegend
rund ums Kulturhaus eine liebevolle Neugestaltung inklusive Park, Freizeitanlagen und
Spielplätzen beschert hat. Insgesamt mutet es hier beschaulicher
an als im zentraleren Nachbarstadtteil.

Die 1000 Jahre alte Geschichte des ehemaligen Dorfes kannst Du
zwar noch ganz vage erahnen, aber inzwischen hat sich ein

GERINGSTE WAHLBETEILIGUNG
BEI DER LANDTAGSWAHL 2013

2 1
3

STADTTEILREKORD

urbaner Randbezirk-Charme breitgemacht.
Einige Baumärkte, Möbelhäuser, die große
Filiale einer Fast-Food-Kette und die JVA
Hannover tragen wohl ein bisschen dazu bei.

Der besondere Platz

Ein schöner Ort zum Plantschen, Wasserrut-
schen und Sonnenbaden ist das **Hainhölzer
Naturbad**. Hier gibt's ein Sportbecken ohne
chemische Zusätze, einen Sprungfelsen und
viele weitere Möglichkeiten zu sporteln. Infos
unter: www.naturbad-hainholz.de

s. auch „Es ist Sommer!", S. 109

Linden

Der Stadtteil lässt sich in Nord,
Mitte und Süd unterteilen, aber
trotz allem: Linden ist nun mal
Linden und für den Hannoveraner eine einzigartige Einheit – vor
allem, was das Feiern angeht. Linden hat es immerhin geschafft, dass
sich aus reiner Liebe zu ihm zwischen
2002 und 2011 eine der längsten monat-
lichen Partyserien der Stadt etablierte.

„Linden Love" war eine feste Größe in Lindens Faust, einem zum
Kultur- und Veranstaltungszentrum umfunktionierten Bettfedern-
Fabrikgelände. Im Jahr 2011 wurde die Veranstaltung dann einge-
stellt, weil sie sich für das Kulturzentrum nicht mehr lohnte.

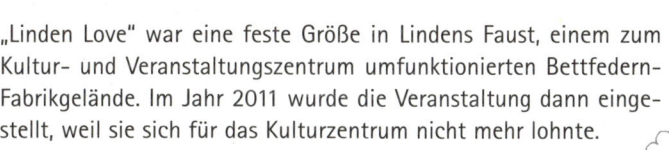

Hannover
endlich   Hannover

endlich   endlich

zu Hause Park
gemütlich Heimat
wohnen

 Linden polarisiert, aber wenn man es liebt, dann weiß man auch warum: Hier, vor allem rund um die Limmerstraße in Linden-Nord geht es ziemlich bunt zu. Der Dönerfan trifft auf den Bio-Soja-Latte-Genießer, der Weißweinrisotto-Liebhaber auf den Club-Mate-Freund, der Cocktail- auf den Biertrinker.

Der frühere Arbeitervorort hat die ganze Palette zu bieten und beweist seine Hipness bzw. Beliebtheit inzwischen indirekt und zweifelhaft durch Gentrifizierungstendenzen.

Der besondere Platz

Das ist in **Linden** eigentlich überall. Noch nicht mal die Anwesenheit des Ihmezentrums – ein äußerst charmefreier, ziemlich großer Betonklotz – schafft es, die tolle Atmosphäre des lebhaften Viertels zu beeinträchtigen.

INFOBOX

Einwohnerdichte:

U-30-Quote: 34,6-40,6 %

Distanz zum Kröpcke: 2,7-3,3 km

Grünfläche:

HÄSSLICHSTES BAUWERK (IHMEZENTRUM)

1 2 3
STADTTEILREKORD

Limmer

Folgt man der Limmerstraße stadtauswärts, liegt nordöstlich von Linden-Nord der Stadtteil Limmer. Die etymologische Bedeutung ist „feuchte Stelle", was sich hier noch immer gut nachvollziehen lässt, denn rund um bzw. in Limmer findest Du das eine oder andere Wasser, wie z.B. den Hafen und den Stichkanal.

Ursprünglich war Limmer mal ein winziges Nest. Das hat sich bis heute zwar drastisch geändert, aber trotz allem wohnst Du hier einigermaßen ländlich – sogar ein paar echte Bauernhöfe gibt's noch. Obwohl dieser Stadtteil eigentlich ein bisschen wie ein Vorort wirkt, ist sein Erscheinungsbild auf der anderen Seite von diversen Industriegebieten geprägt.

Das ehemalige Fabrikgelände des Reifenherstellers Continental wird derzeit zwar in ein Wohngebiet umgewandelt; Lagerhallen, Speditionen sowie die Firma Sichel sind aber nach wie vor in

Hannover   endlich   Hannover
ndlich   endlich

ERSTES DEUTSCHES
HAMMERMUSEUM
1
2
3
STADTTEILREKORD

zu Hause   Park
gemütlich
Heimat
wohnen

Limmer. Sichel ist zudem der größte Arbeitgeber im Stadtteil. Die limmersche Hauptverkehrsader ist die Wunstorfer Straße.

Der besondere Platz

Die **Limmer Schleuse** verbindet den Lindener Hafen mit dem Mittellandkanal. Hier kannst Du im Sommer Leckeres auf den Grill legen, entspannen, Musik hören oder selbst machen. Oder Du winkst den Grillenden, Entspannenden, Musik Hörenden und Machenden zu, während Du mit dem Kanu die Schleuse passierst.

INFOBOX

Einwohnerdichte:

U–30-Quote: 32 %

Distanz zum Kröpcke: 4,5 km

Grünfläche:

s. auch „Es ist Sommer!", S. 11?

Calenberger Neustadt

Dieser Stadtteil ist die diplomatische Zone Hannovers. Hier setzt Du Dich im „Strandleben" auf der Fährmannsinsel gemütlich mit Deinem Kaltgetränk in den Liegestuhl, um Zeuge eines skurrilen Rituals zu werden: Die Bewohner von Nordstadt und Linden treffen sich seit 2003 jährlich im September auf der Dornröschenbrücke, um sich mit alten Lebensmitteln zu bewerfen.

Durch die Gemüseschlacht soll die existenzielle Frage geklärt werden, welches der bessere Stadtteil ist. In der Calenberger Neustadt freut man sich, dass man neutral bleiben kann und trotzdem von

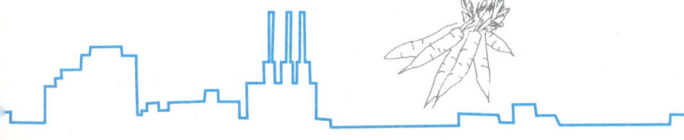

den Schokoladenseiten der Stadt umgeben ist. Hier wird nämlich rundrum etwas geboten.

INFOBOX

Einwohnerdichte:

U-30-Quote: 28,8 %

Distanz zum Kröpcke: 1,4 km

Grünfläche:

Innerhalb kürzester Zeit könntest Du den Maschsee-Karpfen einen Besuch abstatten, im Georgengarten eine Partie Minigolf spielen, auf den Lindener Berg hochkeuchen, am Steintor Döner essen gehen oder – wenn Dir das gerade alles nicht in den Kram passt – in null Komma nix zum Hauptbahnhof gelangen, um ganz woanders hinzufahren.

Dies soll jetzt natürlich nicht den Eindruck erwecken, als hätte die Calenberger Neustadt selbst, außer der zentralen Lage, nichts zu bieten. Sie ist trotz ihrer überschaubaren Größe von allem ein bisschen – szenig, langweilig, alt, neu, urban, natürlich, schick, gammlig, beschaulich und hektisch – und scheint damit ein perfektes Bindeglied zwischen den umliegenden Stadtteilen zu sein.

Ah ja, eine Besonderheit musst Du mal erleben: Einmal im Jahr findet auf dem Schützenplatz passenderweise das Schützenfest statt.

Der besondere Platz s. auch „feste Feste", S. 193

Das ist auf jeden Fall das **Strandleben**. Von hier kannst Du im Sommer einfach den schönsten Sonnenuntergang erwischen.

Hannover   endlich      Hannover   endlich

ndlich

zu Hause · Park · gemütlich · Heimat · wohnen

Bothfeld-Vahrenheide

Die 12 Stadtteile rund um die Mitte der Stadt hast Du etwas genauer kennengelernt. Aber auch darüber hinaus gibt es einige Stadtteile, in denen man wohnen, arbeiten und seine Freizeit verbringen kann. Insgesamt hat Hannover sogar 51 davon. Formal sind diese in 13 Bezirke unterteilt.

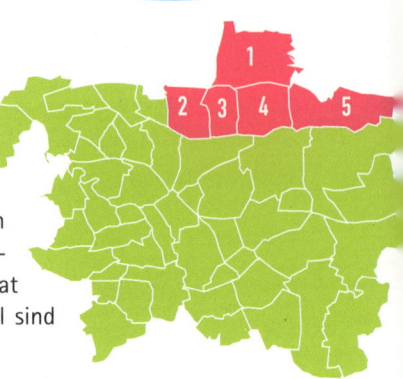

Da das für einen ersten Überblick über die vielen äußeren Viertel Hannovers anschaulicher ist, lernst Du die verbleibenden 39 Stadtteile anhand dieser Einteilung kennen.

Weiter geht der Flug also um 12 Uhr im Norden und dann einmal gegen den Uhrzeigersinn um den inneren Kreis herum. Dabei verläuft alles (stadt-)planmäßig, Turbulenzen sind keine zu erwarten. Also weiter geht's:

1 Isernhagen-Süd

Das ist der einzige Teil Isernhagens, der zum Stadtgebiet gehört. Seit einer Gemeindereform im Jahr 1974 bildet Isernhagen-Süd den nördlichsten Zipfel der Stadt und liegt – wie das in Hannover so ist – trotzdem keine lange Stadtbahnfahrt vom Zentrum entfernt.

Hier wohnt man entweder, weil es so schön ruhig und ziemlich ländlich ist oder einfach, weil man das nötige Kleingeld besitzt. Mit einem sportlichen Zweisitzer-Cabrio fällst Du hier jeden-falls weniger auf als mit Dei-nem alten Fiat Panda. Aber vielleicht wirst Du mit Deiner lauten Blechschüssel nur akus-tisch bemerkt, hinter den hohen Zäunen und Mauern der protzigen Villen kann man Dich vermutlich sowieso gar nicht sehen.

INFOBOX

Einwohnerdichte:	
U-30-Quote:	24,5-35,9 %
Distanz zum Kröpcke:	4,4-10,7 km
Grünfläche:	

Der besondere Platz

Man munkelt, dass sich hier Fuchs und Hase „Gute Nacht" sagen. Der selbsternannte Geheimtipp des Stadtteils Isernhagen-Süd befindet sich an der Ecke Eichholz/An der Wietze. Hier lässt Frau Lorenz einmal im Jahr alle in ihren wunderschönen märchenhaften Garten, auch **„Laurins Garten"** genannt.

www.buergerverein-isernhagen-sued.de

--> Freizeit --> Kunst
--> Laurins Garten

2 Vahrenheide

Der Stadtteil liegt nördlich von List und Vahrenwald. Er entstand aufgrund kriegsbedingter Wohnungsknappheit zwischen Mitte der 50er und 70er Jahre auf dem Gelände des früheren Flug- bzw. Trup-penübungsplatzes. Bald wurde er Niedersachsens erste Großwohn-siedlung am Stadtrand. Die Hochhäuser wurden zwar größtenteils wieder abgerissen, aber das Wohnsilo-Image des Viertels und die entsprechende Atmosphäre sind geblieben.

Klingt jetzt nicht gerade nach einem idyllischen Örtchen, aber das Wort „Heide" im Stadtteilnamen ist immerhin nicht ganz unbe-gründet. Die gab's hier früher mal und auch heute kannst Du immer noch ein Fleckchen echte Natur entdecken.

zu Hause Park
gemütlich Heimat
wohnen

3 Sahlkamp

Dieser Stadtteil grenzt östlich an Vahrenheide und hat mit ähnlichen Problemen zu kämpfen. 70er-Jahre-Hochhausbau, Sozialwohnungen und alles, was damit zusammenhängt, haben Sahlkamp den Stempel „sozialer Brennpunkt" eingebracht. Aber vielleicht ist das dann doch etwas zu klischeehaft, denn mehr als zwei Drittel der Gebäude sind Ein- und Zweifamilienhäuser. Ein nachbarschaftliches Miteinander gibt es hier in jedem Fall auch.

4 Bothfeld

Der Stadtteil liegt wiederum östlich von Sahlkamp. Er ist relativ bunt gemischt und zeigt, je nach der Ecke, in der Du Dich gerade befindest, ganz unterschiedliche Gesichter. Viele Bürogebäude, eine Grasdachsiedlung und Ein- und Mehrfamilienhäuser sind hier entstanden. Schöne alte Fachwerkhäuser gibt's auch noch – aus der Zeit als Bothfeld noch ein Dorf am Anger war. Sogar einige Hektar Wald der Großen Heide zählen zum Stadtteil.

Und eine Berühmtheit hat sich hier vor langer Zeit aufgehalten: der Dichter August Heinrich Hoffmann von Fallersleben. Er heiratete die Tochter des hiesigen Pfarrers. Ihm zu Ehren wurde 1941 eine Eiche an der Kirche St. Nicolai gepflanzt.

5 Lahe

Das ist der östlichste Stadtteil im Bezirk. Hier findest Du die höchste Erhebung der Stadt. Mit 118 m schlägt dieser „Berg" sogar den Kronsberg! Allerdings handelt es sich dabei leider um die

HÖCHSTER „BERG"

STADTTEILREKORD

Mülldeponie. Das klingt zugegebenermaßen abschreckend, aber Lahe kann auch anders! Der Altwarmbüchener See gehört hier nämlich ebenso her und der ist nicht nur schön, auf ihm und um ihn herum nutzt der Hannoveraner gerne das große Freizeitangebot. Das macht so einiges wieder wett. Manch einen hört man über Lahe aber auch schon mal so etwas sagen: „Ich war noch nie in Lahe und wenn, dann habe ich es nicht bemerkt."

Der besondere Platz

Beim jährlichen Entdeckertag kannst Du den „Monte Müllo" besteigen. Dort oben, neben Gipfelkreuz und Alphornbläsern hast Du einen wunderbaren Blick über die Stadt – und das **Café Schöne Aussicht** öffnet an diesem Tag auch!

Nord

Zum Stadtbezirk Nord zählen neben Vinnhorst und Brinkhafen offiziell noch die Nordstadt und Hainholz. Wie Du als aufmerksamer Leser weißt, sind diese Stadtteile schon im Zusammenhang mit dem inneren Kreis erwähnt worden, weil sie eben um einiges „näher dran" sind. Hier kommt also nur noch, was bisher fehlt:

1 Vinnhorst

Vinnhorst gibt es schon ewig, der Stadtteil ist nun über 600 Jahre alt, zählt aber erst seit 1974 zu Hannovers Stadtgebiet. Er schließt sich relativ unauffällig an Hainholz an.

zu Hause   Park
gemütlich
Heimat
wohnen

Was bis 1900 eine kleine Landgemeinde mit zwei bäuerlichen Betrieben war, vergrößerte sich im Laufe der Zeit. In den 20er Jahren wurde durch Neubauten z.B. der Ortsteil Friedenau begründet. Einen ziemlich großen Teil der Stadtteilfläche nimmt die Benecke-Kaliko AG ein. Sie ließ sich schon vor über 100 Jahren hier nieder und ist heute Innenausstatter für die Automobilindustrie. Über 800 Mitarbeiter sind vor Ort tätig. Der historische Klinkerbau, in dem die Firmenverwaltung sitzt, ist trotz aller Industriegebietatmosphäre wirklich sehr sehenswert.

2 Brink-Hafen

Der Stadtteil repräsentiert eine ziemlich unspektakuläre Ecke Hannovers, die sich östlich an Vinnhorst ranmuckelt. Der Name leitet sich vom Brinker Hafen am Mittellandkanal ab, der jetzt wiederum eigentlich zu Vinnhorst gehört. Einwohner gibt es hier nur wenige – um die 140 – aber dafür umso mehr Industrie- und Gewerbeflächen.

INFOBOX

Einwohnerdichte:

U-30-Quote: 32,3 %

Distanz zum Kröpcke: 6,5 km

Grünfläche:

Der besondere Platz

Das ist der denkmalgeschützte **Wasserturm** an der Vahrenwalder Straße. Er sieht wie ein mittelalterlicher Wehrturm aus und galt als höchster Wasserturm Eurpas, als er im Jahre 1911 fertiggestellt wurde. Nach gut 50 Jahren wurde er (1963) endgültig stillgelegt. Inzwischen ist er allerdings wieder etwas weniger still. Heute kannst Du hier vor ziemlich beeindruckender Kulisse tanzen, speisen und auch an spannenden Führungen teilnehmen.

Herrenhausen–Stöcken

1 Herrenhausen

Der Stadtteil liegt am südlichsten Ende dieses Bezirks. Dass hier einst tatsächlich Herren hausten, kannst Du heute noch erkennen: Du findest hier nämlich den Großen Garten und den Berggarten, die zu den Herrenhäuser Gärten gehören, und das kürzlich wieder aufgebaute Schloss Herrenhausen.

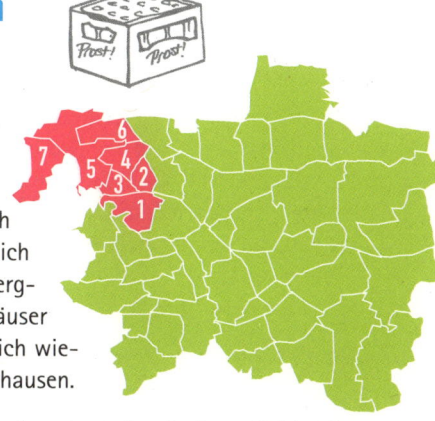

Besonders beliebt ist der Stadtteil auch, weil auf seinem Gebiet das leckere, für Hannover typische „Herri" gebraut wird. Aber nicht nur die Herrenhäuser Brauerei ist hier zu Hause, viele Hannoveraner sind es auch. Die Genossenschaftswohnungen, auf die Du triffst, muten wenig herrschaftlich an, aber Schmucklosigkeit ist Herrenhausen trotzdem nicht vorzuwerfen. Falls Du Dich zu den Feuerwerkfans zählst, bist Du hier zwischen Mai und September übrigens genau am richtigen Ort. Da wird im Rahmen des

INFOBOX

Einwohnerdichte:

U–30–Quote: 25,5–38,4 %

Distanz zum Kröpcke: 5,4–9,6 km

Grünfläche:

zu Hause Park
gemütlich Heimat
wohnen

Internationalen Feuerwerkswettbewerbs von den Herrenhäuser Gärten aus ordentlich was in die Luft geschossen.

Der besondere Platz

s. auch „Es ist Sommer!", S. 114

Die Künstlerin Niki de Saint-Phalle besaß zeitlebens eine enge Verbindung zu Hannover – die Nanas am Leibnizufer in Mitte stammen von ihr. Aber auch die zu Beginn dieses Jahrtausends neu gestaltete **Grotte im Großen Garten** in Herrenhausen ist ihr Werk und wartet darauf, von Dir begangen zu werden.

2 Burg

Nördlich von Herrenhausen schließt sich Burg an. Hier wohnt man im westlichen Teil in beschaulichen Ein- und Zweifamilienhäusern, im östlichen Teil triffst Du neben einer Schule und dem Schulbiologiezentrum auf Kleingärten. Trotz des Stadtteilnamens wirst Du nach einer Ritterburg vergeblich Ausschau halten.

Der besondere Platz

In die **Freiluftschule** kommen Schulklassen eine Woche lang, um etwas über Natur zu lernen und auf dem Waldgelände zu spielen.

3 Leinhausen

Der Stadtteil liegt ebenfalls nördlich von Herrenhausen. Um 1878 entstand er, als hier die „königlich preußische Hauptwerkstätte Leinhausen" gegründet wurde, um die herum die Eisenbahner angesiedelt wurden. Die Siedlung steht immer noch, aber auch Häuser

FORMSCHÖNSTER STADTTEIL
(TROPFENFORM)
1
STADTTEILREV

aus der Gründerzeit und Einfamilienhäuser aus den 30er Jahren hat Leinhausen vorzuweisen. Viel los ist hier nicht gerade, aber an der Stöckener Straße findest Du immerhin ein paar Läden.

Der besondere Platz

Der unter Denkmalschutz stehende **Bahnhof Leinhausen** wurde liebevoll restauriert und zum Veranstaltungsort umfunktioniert. Kulturell ist hier von Livemusik über Kleinkunst bis Artistik so einiges geboten.

4 Ledeburg

Der Stadtteil, der sein südliches Ende zwischen Leinhausen und Burg zwängt, ist in den 20er Jahren entstanden. Wer hier wohnt, tut dies vorwiegend in einem der Ein- oder Mehrfamilienhäuser. Wenn man so durch den Stadtteil schlendert, könnte man meinen, dass der Ledeburger seine Freizeit am liebsten draußen verbringt, denn viele Schrebergärten und Sportanlagen gibt es hier. Und falls Dir eher nach Feiern als nach Gärtnern sein sollte – die S-Bahn-Linien S 4 und S 5 bringen Dich von hier direkt in die Stadtmitte.

5 Stöcken

Der Stadtteil ist geprägt von Nachkriegs-bauten sowie durch die Unternehmen VW und Continental. Zudem befindet sich hier einer der größten Friedhöfe Hanno-vers. Aber das ist nicht alles, worauf der Stöckener stolz sein kann. Es war näm-lich ein Einwohner dieses Stadtteils, der im 16. Jahrhundert ein Bier erfand, das zum echten Topseller wurde. Den so genannten „Broyhan-Taler" führt die Gil-de Brauerei Hannover heute noch im

zu Hause   Park
gemütlich   **Heimat**
wohnen

Firmenwappen. Übrigens entstand aus der Sitte, dieses Bier zusammen mit Branntwein zu trinken, die „Lüttje Lage".

S. „Sprachregeln", S. 221

Vielleicht muss man sich auch ein bisschen was schön trinken in Stöcken, denn Industriegebiete, sozialer Wohnungsbau und mangelnde Grünanlagen machen den Stadtteil nicht zum beliebtesten.

Der besondere Platz

Für manche ist es vielleicht morbide, aber für Freunde von Spaziergängen in vollkommener Ruhe genau das Richtige: Der **Stadtfriedhof Stöcken**. Gegründet wurde er 1891 und er besitzt auf seinen ca. 55 ha das eine oder andere historisch bedeutsame Grab. Schon die neugotische Kapelle am Eingang lohnt einen Ausflug.

6 Nordhafen

Der Stadtteil ist benannt nach dem gleichnamigen, 63 ha großen Hafen am Mittellandkanal und hat nur um die 100 Einwohner. Südlich des Kanals sind Industrie und Gewerbe zu Hause und nördlich stehst Du im Mecklenheider Forst. In seiner Nähe findest Du den großen „Kinderwald", in dem in den vergangenen zehn Jahren eine ganze Menge Bäume gepflanzt worden sind. Hier können die lieben Kleinen bauen, werkeln und toben.

Der besondere Platz

Mangels Alternative ist das definitiv der **Kinderwald**. Schau mal vorbei: Hier treffen sich Kinderchöre, es finden Fortbildungen statt und Kinder und Pädagogen überlegen gemeinsam, wie sich ihr Wald weiterentwickeln und wie er gestaltet werden soll.
www.kinderwald.de

NORDHAFEN: STADTTEIL MIT DEN WENIGSTEN BEWOHNERN
STADTTEILREKORD

STÖCKEN: LÄNGSTE BIER-TRADITION DER STADT
STADTTEILREKORD

7 Marienwerder

hat den Wissenschaftspark auf seinem Gebiet. Dazu gehört das Laserzentrum, das eng mit der Uni zusammenarbeitet. Der Wissenschaftspark hat recht wenig mit einem Park im eigentlichen, grünen Sinn zu tun. Dafür gibt's im Stadtteil aber den Hinüberschen Garten. Benannt ist die Anlage nach Jobst Anton von Hinüber, der diesen Garten nach dem Vorbild englischer Landschaftsgärten geplant hat – und nicht etwa, weil jeder Marienwerder-Bewohner zum Sonntagsspaziergang da hinübergeht. Übrigens führt der Wander- und Radweg „Grüner Ring" durch den Stadtteil. Der Garten schließt sich an das Kloster Marienwerder an, das bereits 1196 entstanden ist.

Der besondere Platz

Perfekt zum Entspannen ist das Ufer des Teichs mit der **Blumeninsel im Hinüberschen Garten** – vorausgesetzt, es regnet nicht.

Ahlem-Badenstedt-Davenstedt

1 Ahlem

Der Stadtteil ist aus einem Dorf entstanden und trägt heute noch sehr ländliche Züge. Hier kennt man sich gegenseitig, und falls Du mit Familie kommst, fällst Du nich auf. Wenn Du wissen willst, worauf Du Dich mit Ahlem einlässt, kannst Du Dich im Heimatmuseum in der Wunstorfer Landstraße über die Geschichte des Stadtteils und der Umgebung informieren.

AHLEM: EINZIGER THAI-
LÄNDISCHER TEMPEL

2   1   3

STADTTEILREKORD

zu Hause   Park
gemütlich   Heimat
wohnen

Eine Kuriosität, die man in einem ehemaligen niedersächsischen Dorf nicht erwartet, ist der Ahlemer Turm. Das schöne Fachwerkhaus wurde 1887 als Ausflugslokal gebaut und hat in der Zwischenzeit viele Funktionen erfüllt – vom Mädchenwohnheim bis zum Stützpunkt der Autobahnpolizei. Seit 2007 ist der thailändische Tempel des Buddhisten-Vereins Hannover mit dem schillernden Namen „Wat Dhammavihara" hier untergebracht.

Der besondere Platz

Auch der **Willy-Spahn-Park**, ein ehemaliger Kalkbruch, in dem Du den denkmalgeschützten Kalkbrennofen besichtigen kannst, gehört zu Ahlem. Heute ist er eine schöne Grünanlage mit Obstbäumen, die passenderweise am „Grünen Ring" liegt. Hier lässt es sich einfach wunderbar entspannen.

2 Badenstedt

Der Stadtteil liegt im südlichen Teil des Bezirks. Durch die Nähe zum einstigen Arbeiterviertel Linden lassen sich hier viele Genossenschaftswohnungen finden. Relativ nah am Benther Berg und somit naturnah ist in den 90ern dann das kinderfreundliche Neubaugebiet Badenstedt-West entstanden. Ein Gewerbegebiet gibt es in Badenstedt allerdings ebenfalls, in dem aber auch ein hinduistischer Tempel steht.

Der besondere Platz

Der hinduistische Tempel **Sri Muthumariamman** ist sogar der größte Norddeutschlands. Wer sich darunter einen Prachtbau im indischen Stil vorstellt, wird aber leider enttäuscht sein …

I N F O B O X

Einwohnerdichte:

U-30-Quote: 27,3-32,8 %

Distanz zum Kröpcke: 5,7-5,9 km

Grünfläche:

GRÖßTER HINDUISTISCHER TEMPEL NORDDEUTSCHLANDS

1
2   3

3 Davenstedt

Der Stadtteil ist zwischen Ahlem und Badenstedt eingebettet. Hier wohnt man vorzugsweise in Reihenhaussiedlungen, aber auch einige Fachwerkhäuser und die Stadtteilkapelle erinnern noch an die Zeiten, als es das Dorf Davenstide noch gab.

Erwähnenswert ist ebenfalls das 1973 erbaute „Terrassenhaus", das verwegenerweise gelegentlich mit den Hängenden Gärten der Semiramis verglichen wird. Es gilt als das bekannteste Gebäude in Davenstedt und repräsentiert bestimmt eine architektonische Besonderheit, aber über seine Schönheit lässt sich streiten ... Die Nähe zum Benther Berg und zum Flüsschen Flösse lässt diese Ecke Hannovers ziemlich Grün und an manchen Ecken sogar ein bisschen idyllisch wirken.

DAVENSTEDT: WELTWUNDER-VERDÄCHTIG (HÄNGENDE GÄRTEN?)

Ricklingen

1 Bornum

STADTTEILREKORD

In Bornum, südlich von Badenstedt, wurden 1953 Straßennamen eingeführt, davor waren die Häuser nur mit Nummern versehen. Heute liegt westlich der Bornumer Straße ein Wohngebiet, östlich davon auf dem Tönniesberg hat sich ein Gewerbegebiet gebildet, das u.a. den Großmarkt beherbergt.

zu Hause   Park
gemütlich   Heimat
wohnen

Einer neuen Studie zufolge sehen die Einwohner Bornums – wie in Stöcken und Hainholz – ihren Stadtteil eher kritisch.

2 Mühlenberg

Mühlenberg liegt südlich von Bornum auf einem Hügel, was den Namen zumindest halb erklärt. Mühlenberg entstand in den 60ern und 70ern durch Wohnsiedlungsbau und wurde zeitweise zum „sozialen Brennpunkt".

3 Wettbergen

Wettbergen gehört seit 1974 zu Hannover und nur ein Teil dient als Wohngebiet. Ansonsten besteht es aus Feld, Wald und Wiese. Im Ortskern sieht es noch dörflich aus, aber insgesamt ist das Bild ein abwechslungsreiches: Einfamilien- und Reihenhäuser, Gewerbegebiet, Neubauten, Städtisches und Ländliches – diese Mischung macht den Stadtteil aus. Von Wettbergen aus kannst Du gut den Deister sehen, einen Bergzug, der ca. 20 km entfernt aufragt.

4 Oberricklingen

Oberricklingen ist umzingelt von den anderen Stadtteilen des Bezirks. Es entstand durch das Anlegen von Siedlungen für die Arbeiter der umliegenden Betriebe. Da der Stadtteil aber im Krieg viel abbekam, hast Du es hier mit Nachkriegsbauten zu tun. Im südlichen und westlichen Teil sind

INFOBOX

Einwohnerdichte:	
U-30-Quote:	28,5-35,9 %
Distanz zum Kröpcke:	4,2-7,5 km
Grünfläche:	

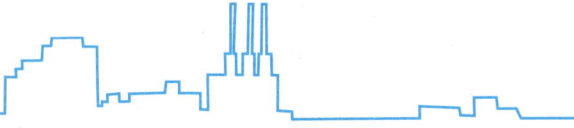

eher Einfamilien- und Reihenhäuser zu finden, im nördlichen und östlichen Mehrfamilienhäuser.

5 Ricklingen

Der Stadtteil ist der zentralste des Bezirks, da er an den inneren Kreis grenzt, an Linden-Süd, die Calenberger Neustadt und die Südstadt. Die Straßen hier sind von Mehrfamilienhäusern gesäumt. In Ricklingen entwickelte Walter Bruch 1962 bei Telefunken das Farbfernsehen, das fünf Jahre später deutschlandweit eingeführt wurde. Ein Ort von historischer Bedeutung also! Wenn Du die Natur in Farbe haben willst, geh einfach zu den Ricklinger Kiesteichen – blau und grün zumindest sind da im Überfluss vorhanden.

Der besondere Platz

Der gemeine Städter mutiert am Wochenende gern zum passionierten Luftschnapper und ist auf der Suche nach einem idyllischen Plätzchen draußen. Die schöne **Ricklinger Masch**, ein Landschaftsschutzgebiet, erfüllt in dieser Hinsicht sämtliche Anforderungen.

Döhren-Wülfel

WALDHAUSEN: HÖCHSTE STAATSMANN-DICHTE

2 1 3

STADTTEILREKORD

1 Waldhausen

Der Stadtteil liegt im nördlichen Teil des Bezirks und südlich der Südstadt, ist ziemlich klein und ziemlich dreieckig. In diesem Ministadtteil hast Du neben der Nähe zum Maschsee und der Eilenriede eine ganze Menge Villen – und überhaupt lässt sich

zu Hause   Park
gemütlich   Heimat
wohnen

Waldhausen als teures Pflaster bezeichnen. Gleich zwei recht prominente Hannoveraner haben sich hier niedergelassen: Ex-Kanzler Schröder und Ex-Bundespräsi Wulff.

2 Waldheim

Das eher rechteckige Waldheim liegt östlich von Waldhausen, nördlich von Döhren-Wülfel und südlich der Bult. Der sehr grüne Stadtteil ist nicht nur dem Namen nach Waldhausen ziemlich ähnlich, er besteht genau wie sein Nachbar zu einem großen Teil aus Wald. Ein ordentliches Stück der südlichen Eilenriede liegt nämlich auf dem Waldheimer Gebiet. Im Unterschied zu Waldhausen gibt es hier aber immerhin eine kleine Einkaufsstraße, wo Du Dich mit dem Allernötigsten versorgen kannst.

3 Döhren

Döhren liegt südlich von Waldhausen. Nahe dem Fiedelerplatz findest Du einige Gründerzeithäuser. Auch die Leine-Insel gehört zum Stadtteil – auf ihr war früher mal die Döhrener Wollwäscherei und

INFOBOX

Einwohnerdichte:

U-30-Quote: 26-32,4 %

Distanz zum Kröpcke: 3,8-7,4 km

Grünfläche:

-kämmereifabrik, in den 80er Jahren ist da allerdings ein Neubaugebiet entstanden.

Dem Teil von Döhren, in dem die Arbeiter der Fabrik lebten, gab man
vermutlich aufgrund der schlechten Bezahlung den Namen „Döhrener Jammer". Heute sind die Reste dieser denkmalgeschützten und
sanierten Siedlung mit den einstöckigen Häusern aber kein Grund
mehr zum Klagen.

4 Seelhorst

Östlich von Döhren und südlich von Waldheim kommst Du nach
Seelhorst, das nach dem gleichnamigen Stadtwald benannt ist, der
teilweise an den Stadtteil grenzt. In den 30er Jahren entstand diese Siedlung, zu der sich wegen
der bezahlbaren Grundstücks-
preise inzwischen einige Neubauten inklusive junger Famili-
en gesellt haben. Das Deutsche
Institut für Kautschuktechnolo-
gie hat hier ebenso seinen Platz
gefunden wie die Verlagsgesell-
schaft Madsack. Einkaufen geht
man aber wegen mangelnder
Optionen außerhalb Seelhorsts.

5 Wülfel

Wülfel folgt südlich auf Döhren und bildet damit auch einen Teil
des südlichen Stadtrandes. Früher war der Stadtteil ein ausgespro-
chenes Arbeiterviertel, da sich hier die Eisen- und Gummiwerke und
eine Brauerei befanden. Daran erinnern heute noch das alte Tor der
Wülfeler Brauerei und einige Wohnhäuser aus der Zeit.

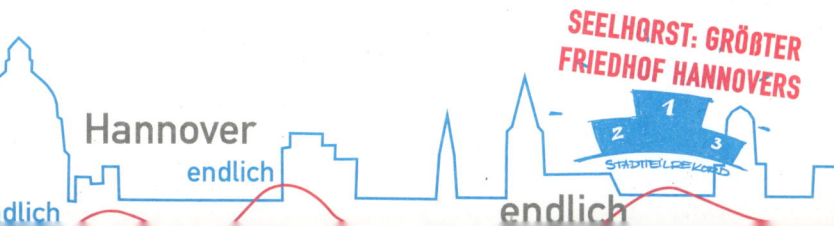

SEELHORST: GRÖßTER
FRIEDHOF HANNOVERS

Hannover

endlich

z   1
    3

STADTTEILREKORD

ndlich   endlich

zu Hause   Park
gemütlich   Heimat
wohnen

Neubauten und relativ unspektakuläre Ein- und Mehrfamilienhäuser findest Du hier, hast aber auch die Nähe zur Leinemasch, wo Du Dich plötzlich mitten in der Natur befindest, obwohl Du ja eigentlich in einer Großstadt lebst.

6 Mittelfeld

Mittelfeld liegt ebenso im südlichen Teil des Bezirks, südlich von Seelhorst. Es entstand in den 50ern als Stadtteil für Vertriebene und hat teilweise zumindest den Ruf, sich zu einem weiteren so genannten „sozialen Brennpunkt" der Stadt entwickelt zu haben.

Etwa die Hälfte des Stadtteils wird vom Messegelände beansprucht, wo im Jahr 2000 die Weltausstellung Expo stattfand. Falls Du Fan von schwedischen Möbeln bist und/oder Deine Servietten- oder Kerzenvorräte wieder aufstocken musst, dann kann Dir der Laden hier bestimmt etwas anbieten. Aber nicht nur Materielles, auch Spirituelles bekommst Du in Mittelfeld. Das buddhistische Kloster Viên Giác hat seinen Sitz hier, und zwar in der größten Pagode Europas.

Kirchrode-Bemerode-Wülferode

1 Kirchrode

Der Stadtteil erstreckt sich nordöstlich von Seelhorst und ist der nördlichste Teil dieses Bezirks. Das Viertel gehört zu

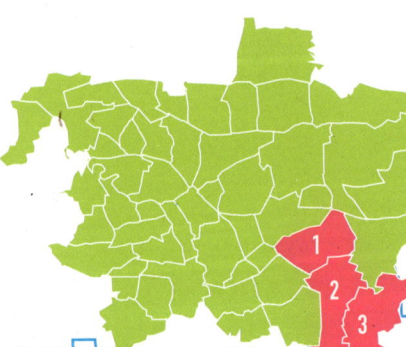

den etwas schickeren der Stadt, darum wird es Dich auch nicht überraschen, dass sich viele große Grundstücke mit den entsprechend üppigen Villen darauf finden. Und in dem einen oder anderen schönen Gebäude „im Dorf", wie der Kirchröder sein Zentrum nennt, findest Du sowohl alteingesessene als auch neuere Geschäfte.

2 Bemerode

Das einstige Dorf Bemerode liegt südlich von Kirchrode und gehört seit 1974 zum hannoverschen Stadtgebiet. Neben Mehr- und Einfamilienhäusern gehört zum Stadtteil das Neubaugebiet auf dem Kronsberg, das im Zuge der Expo 2000 als ein ökologisches Bebauungsprojekt entstand. Aber zumindest im südlichen Teil hat Bemerode seinen dörflichen Charme nicht verloren. Hier triffst Du immer noch auf einen ursprünglichen Dorfkern.

3 Wülferode

Östlich an Bemerode schließt sich Wülferode an. Mit seinen knapp 900 Einwohnern ist es ziemlich klein, relativ dörflich und liegt auch einigermaßen isoliert, inmitten von großen Feldern. In Wülferode steppt nicht gerade der Bär. Wer's richtig ruhig mag, dem könnte es

zu Hause Park
gemütlich Heimat
wohnen

hier also gut gefallen. Ein Highlight gibt es vielleicht doch zu erwähnen: Das traditionelle „Gasthaus von Horn" mit ausgesprochen dörflichem Charakter verfügt über die angeblich kürzeste Theke Hannovers. Na dann Prost!

INFOBOX

Einwohnerdichte:	
U-30-Quote:	25,5-36,6 %
Distanz zum Kröpcke:	6,1-9,8 km
Grünfläche:	

Buchholz-Kleefeld

1 Kleefeld

Nordwestlich von Kirchrode und außerdem an die Bult und das Zooviertel angrenzend, landest Du in Kleefeld. Der Name des Stadtteils verrät zwar nichts über sein Aussehen, aber immerhin lässt sich ein Teil der Eilenriede dazuzählen. Auch der Hermann-Löns-Park, in dem das Kleefelder Bad – auch Annabad genannt – liegt,

gehört zu Kleefeld. Im Eisstadion am Pferdeturm kannst Du den Pirouettendrehern und den Eishockeyspielern zusehen oder Dich selbst aufs Glatteis begeben.

Wohnen kannst Du in Kleefeld z.B. im „Philosophenviertel", wo alle Straßen die Namen von berühmten Denkern tragen und einige richtig schöne Gründerzeit- und Jugendstilvillen stehen. Neben vielen Genossenschaftswohnungen gibt es in Kleefeld ansonsten noch die in den 20ern entstandene Gartenstadt.

Der besondere Platz

Der **Hermann-Löns-Park** ist ein 86 ha großer, lauschiger Garten, auf dem die historische Bockwindmühle steht.

2 Groß-Buchholz

Der Stadtteil liegt nördlich von Kleefeld und grenzt östlich an das Zooviertel und die List an. Altes Fachwerk im Ortskern erinnert an den dörflichen Ursprung des Stadtteils. Inzwischen befindet sich in Groß-Buchholz aber auch die Medizinische Hochschule Hannover (MHH) und mit dem Fernmeldeturm Telemax das höchste Gebäude Niedersachsens. Im südlichen Teil findest Du die 70er-Jahre-Groß-wohnsiedlung Roderbruch, die von einigen Einheimischen liebevoll „Roderbronx" genannt wird. Was die damit wohl meinen?

I N F O B O X

Einwohnerdichte:	
U-30-Quote:	31,6–34,8 %
Distanz zum Kröpcke: 4,4–6,8 km	
Grünfläche:	

3 Heideviertel

Das Heideviertel mogelt sich ganz dezent zwischen Kleefeld und Groß-Buchholz. Hier leben, wenn man den aktuellen Erhebungen der Stadtverwaltung glaubt, die zufriedensten Bewohner Hannovers. Im nördlichen Teil des Viertels wohnt man in einer Hochhaus-siedlung, aber insgesamt ist der Anteil an Einfamilienhäusern deutlich höher. Dass Hannoveraner insgesamt relativ zufrieden mit ihrer Stadt sind, soll an dieser Stelle auch nicht unerwähnt bleiben.

Misburg–Anderten

1 Misburg-Nord

Östlich von Großbuchholz triffst Du auf Misburg-Nord. Auch hier hast Du viel Grün, denn der Misburger Wald grenzt an den Stadtteil an und dank des Mittellandkanals, der sich hier durchzieht, bist Du nah am Wasser. Ein paar alte Fachwerkhäuser stehen im Stadtteil noch, aber insgesamt wirkt das Viertel doch eher städtisch. Schließlich kamen einige Neubauten im Laufe der Zeit dazu – und die Einkaufsmöglichkeiten sind übrigens auch nicht schlecht.

Außerdem findest Du in Misburg-Nord den „place to be" für nahtlose Bräune: Europas größte, private FKK-Anlage. Der „FKK-Sport- und Freizeitpark Sonnensee" wird vom „Bund für Familiensport und freie Lebensgestaltung Hannover e.V." betrieben.

2 Misburg-Süd

Der Stadtteil befindet sich an der östlichen Stadtgrenze und war früher mal so etwas wie das Silicon Valley des Zements. Von fünf Zementwerken ist inzwischen aber nur noch eines übrig. In Kombination mit dem Misburger Hafen könnte man fantasieren, dass hier der Prototyp des ersten Zementschuhs getestet wurde, aber da niemand hier den Paten gesehen hat, bleibt das reine Spekulation.

MISBURG-NORD: GRÖßTE FKK-ANLAGE

Wohnen kannst Du in Mis-
burg-Süd z.B. in „Jerusalem",
einem Viertel, in dem früher
polnische Arbeiter gelebt und
sich dort zu einer katholischen
Gemeinde zusammengefunden
haben. Ein jüngeres Wohngebiet ist der so genannte „Port-
landpark" mit seinen Passiv-
häusern.

INFOBOX

Einwohnerdichte:	
U–30–Quote:	28,2–32,9 %
Distanz zum Kröpcke:	8,7–9,8 km
Grünfläche:	

3 Anderten

Der Stadtteil bildet den südlichsten Zipfel dieses Bezirks und stößt
in seinem östlichen Teil an den Rand des Stadtgebiets. Über 1000
Jahre ist die Geschichte Andertens alt, das seit 1974 zu Hannover
gehört. Im alten Ortskern kannst Du noch ein bisschen erahnen,
dass dieses Viertel schon einige Jährchen auf dem Buckel hat.

Zu behaupten, in Anderten gebe es nichts zu sehen, ist übrigens
absoluter Käse. Hier steht das „European Cheese Center" – europa-
weit das einzige Schulungs- und
Veranstaltungszentrum rund um
den Käse! Anderten hat aber
noch mehr zu bieten: Eine der
drei historischen Windmühlen
der Stadt kannst Du hier ebenfalls bewundern. Und mit der
1928 entstandenen Schleuse
Anderten hast Du auch noch
Europas größte Binnenschleu-
se im Stadtteil.

Hannover
endlich
endlich   Hannover
endlich

F

Straf

Von
Von A nach B
hrrad
Fahrr
hrrad
Straße
Fahrrad
Hupe
Schiene
Straßenbahn
Straße
Straßenbahn
Stau
Stau
Stau

Fahrrad   Stau
Straßenbahn   Hupe
Schiene

Das Großstadtimage will man Hannover einfach nicht so richtig abnehmen. Die Entfernungen, die Du für die alltäglichen Erledigungen oder für den Weg zur Uni überwinden musst, sind relativ übersichtlich. Urbanes Flair hin oder her – die Überschaubarkeit und die kurzen Wege haben einen entscheidenden Vorteil: Du verplemperst nicht viel Zeit damit, von A nach B zu gelangen. Wie Du in der niedersächsischen Landeshauptstadt nicht nur vom Fleck, sondern auch da ankommst, wo Du hin möchtest, erfährst Du auf den folgenden Seiten.

Zu Fuß

Da es in Hannover überall ziemlich flach ist, kannst Du viele Wege auch einfach zu Fuß bewältigen, ohne Dich dabei zu überanstrengen. Was außerdem für den Fußmarsch auf dem Weg zur Arbeit, zur Uni oder zum Einkaufen spricht, ist die Tatsache, dass es statt großstädtischem Grau überall in Hannover grüne Fleckchen gibt. Und, wie gesagt, die Wege von A nach B sind selten weit.

Haben Deine Lieblingstreter bereits leck geschlagen oder sind Deine Sohlen durchgelaufen? Einer dieser Schuhexperten kann's ganz bestimmt wieder richten:

Schuhmacherei Alden-Service (Lavesstr. 12),
www.aldenservice.de

Schuhmacherei Ruchay (Lindener Marktplatz 8),
www.schuhmacher-hannover.de

Aus der Südstadt, aus List, dem Zooviertel oder aus der Calenberger Neustadt kommst Du problemlos innerhalb weniger Minuten zum Kröpcke, dem zentralen Platz in der Innenstadt. Auch von den meisten anderen Stadtteilen aus ist es nur ein Katzensprung ins Zentrum.

Und nur ein paar Schritte außerhalb der Stadtmitte bist Du bereits in der Eilenriede, Hannovers großem Stadtwald. Für leidenschaftliche Zu-Fuß-Geher ist die folgende Karte eine gute Hilfe:

www.hannover.de   --> Karte

Mit dem Fahrrad

Hannover ist eine richtig radfreundliche Stadt, Dein Drahtesel wird sich hier auf alle Fälle wohlfühlen! Die Verkehrsplaner haben ein Herz für den Radfreund und sind, was Fahrradstraßen, Radwege, Beschilderungen und Ampeln angeht, alles andere als geizig. Solange Du niemanden damit behinderst, darfst Du Dein Fahrrad auch überall parken.

NOTIZEN

Eine ausführliche Karte mit dem gesamten Hannoveraner Radwegenetz gibt's für 6,60 Euro bei der Touri-Info (Ernst-August-Platz 8). Tipps rund ums Thema Radfahren in Hannover gibt Dir auch die Broschüre „Sattelt auf!" www.hannover.de

--> Tourismus
--> Besucher-Service
--> Tourist Information Hannover

In der gesamten Eilenriede und am Maschseeufer kannst Du richtig schön drauflosradeln, und auch wenn's Dich mal aus der Stadt raustreibt, findest Du im Umland ein sehr gutes Radwegenetz. Der „Deisterkreisel" rund um Hannovers Hausberg eignet sich z.B. hervorragend für einen sportlichen Wochenendausflug.

Hannover
endlich

Hannover
endlich

endlich
endlich

Von der ganz harmlosen bis zur schweißtreibenden Tour macht Dir übrigens die **Tourismus Region Hannover e.V.** auf seiner Internet-seite eine ganze Menge Tourenvorschläge.

 www. tourismusregion-hannover.de --> Aktiv in der Natur -->Tourenvorschläge

Und sollte es Dir wirklich mal zu anstrengend sein, den Heimweg mit dem Fahrrad anzutreten, kannst Du's sogar in Bus und Bahn mitnehmen. Möglich ist das immer montags bis freitags von 8.30 Uhr bis 15.00 Uhr und täglich ab 19.00 Uhr. An Samstagen, Sonn- und Feiertagen geht's den ganzen Tag. Kostet auch nichts extra. www.gvh.de --> Service --> Rad, Auto, Carsharing --> Fahrradmitnahme

Rad-Events

Seine ausgesprochene Fahrradbegeisterung stellt Hannover mit der **Velo City Night** unter Beweis. Die Idee dahinter lässt sich ungefähr so beschreiben: An mehreren Terminen im Jahr dürfen die Radfah-rer auf eigens zu diesem Anlass für den Autoverkehr gesperrten Straßen in der Stadt rumfahren.

Die Nacht der Räder beginnt um 20.00 Uhr und steht jedes Mal unter einem Motto rund ums Fahrrad. Erklärtes Ziel der Veranstal-ter ist es, immer mehr Hannoveraner fürs Radfahren zu begeistern. Für eine Startgebühr von 2 Euro kannst Du für den guten Zweck mitfahren. Also raus mit dem Stahlross, aufsitzen, lostreten! www.velocitynight.de

Möchtest Du lieber undercover mit dem Rad unterwegs sein, ist vielleicht der adventliche **Santa Run** etwas für Dich. Um daran teil-zunehmen, musst Du ein kleines Startgeld entrichten, Dich ins Nikolauskostüm werfen und auf Dein Rad schwingen. Laufen oder Skaten kannst Du wahlweise auch, aber das Kostüm ist Pflicht! www.santarun.de

Fahrradreparatur

Sollte Dein Zweirad mal schlapp machen und seinen Dienst verweigern, kannst Du's Dir in vielen Ecken in Hannover wieder aufpäppeln lassen. Die folgenden Experten machen Dein lädiertes Gefährt ganz bestimmt wieder flott:

Radmagazin Broja (Marienstr. 105/107), Tel. 0511/813070, www.radmagazin-broja.de

Pro Beruf Fahrradwerkstatt (Bonifatiusplatz 1/2): Hier gibt's die Inspektion für Studenten gratis! Tel. 0511/633293, www.pro-beruf.de   --> Ausbildung und Praxis --> Fahrradwerkstatt

Radwerkstatt Bürgerschule Nordstadt (Klaus-Müller-Kilian-Weg 2): eine Selbstreparatur-Werkstatt, die Werkzeug und fachkundige Anleitung zur Verfügung stellt. Tel. 0511/713335, www.fahrradwerkstatt-hannover.de

Step Radstation 1 (Fernroder Str. 2) leiht Dir ein Ersatzrad, solange Dein Rad hier in Behandlung ist. Tel. 0511/3539640, www.step-hannover.de   --> Angebote --> Radstation 1 und 2

Leihräder

Wenn Dir Dein eigenes Rad irgendwie abhanden gekommen ist oder Du ein zusätzliches brauchst, z.B. wenn Besuch da ist, dann leih Dir doch einfach eins. Das geht direkt am Bahnhof bei der **Step Radstation 2** (Rundestr. 16). Hier gibt es auch das einzige Fahrradparkhaus, in dem Du Dein Rad für nur 1 Euro pro Tag in Sicherheit bringen kannst. Tel. 0511/30090035, www.step-hannover.de

   --> Angebote --> Radstation 1 und 2

Alternativ hilft Dir auch **NextBike** gerne gegen eine geringe Gebühr mit einem Exemplar aus. Die haben übrigens auch mehrere Standorte in Hannover. www.nextbike.de   --> Standorte --> Hannover

Hannover
endlich

Hannover

ndlich   endlich

Fahrrad Stau
Straßenbahn Hupe
Schiene

Ein E-Bike ausleihen, aber auch testfahren, kaufen oder reparieren lassen kannst Du bei **e-motion** (Am Markte 13), Tel. 0511/37069874, www.emotion-technologies.de.   --> Filialen/kontakt --> Hannover

Wenn Du lieber zu zweit unterwegs bist, kann Dich Hannovers **FahrradScout** (Stockmannstr. 7) dabei mit einem Leihtandem unterstützen. Tel. 0511/498217, www.hannovers-fahrradscout.de

Ein umweltfreundliches Taxi mit Cabrio-Feeling gefällig? Bei **Rikscha Welt Hannover** (Börsmannstr. 9) einfach eine Rikscha mieten, zu zweit einsteigen und durch die Gegend fahren lassen. www.rikscha-welt-hannover.de

Den besonderen Spaß mit dem Rad, oder sagen wir mal mit etwas Fahrradartigem, stellt **Teambike** (Friesenstr. 49) für Dich bereit. Schnapp Dir ein paar Freunde und mach mit dem „Bierbike" die

Stadt unsicher. Bis zu 15 Leute können sich darauf abstrampeln und sich nebenher mit frisch gezapftem Bier von der integrierten Theke versorgen lassen.

Ein „ConferenceBike" mit und ohne Zapfhahn kannst Du hier auch für eine Gruppe von Leuten mieten. Lass Dich vom Anblick dieses Monstrums nicht abschrecken – es sieht eigentlich eher so aus, als wäre es dafür gemacht, Gesteinsproben auf dem Mond damit einzusammeln. www.teambike.de

Wie in allen größeren Städten verschwinden Fahrräder ab und zu auf (beinahe) unerklärliche Weise. Sogar in ruhigeren Stadtteilen kann es Dir passieren, dass Dein Drahtesel Dir über Nacht einfach abhanden kommt. Wenn Du lange etwas von Deinem Gefährt haben willst und es nicht in einem Radparkhaus abstellen kannst, dann gönn ihm am besten ein ordentliches Schloss. In jedem Fall solltest Du's bei der Polizei codieren lassen – so hast Du zumindest eine kleine Chance, dass es wieder zu Dir zurückfindet.

Mit Bahn und Bus

Die Hannoverschen Verkehrsbetriebe **üstra** sorgen mit einem großen Netz an Bussen und Stadtbahnen dafür, dass Du in jede noch so abgelegene Ecke Hannovers kommst. Speziell am Wochenende lässt man das Auto ohnehin besser in der Garage – oder wo auch immer Du es normalerweise stehen hast – denn da ist Autofahren in und um Hannover alles andere als ein Vergnügen.

Das Einzugsgebiet der Stadtbahn ist in drei Zonen aufgeteilt: (Stadt, Umland und Region). Mit dem Kurzticket kannst Du, ganz unabhängig von der Zone, in der Du Dich befindest, schon für 1,50 Euro drei Haltestellen weit fahren. Einzeltickets kosten ansonsten zwischen 2,40 Euro und 3,80 Euro. Spezialtickets zum relativen Schnäppchenpreis hat die üstra auch: Wenn Du regelmäßig mit

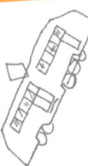

den Öffentlichen innerhalb Hannovers und in der näheren Umgebung unterwegs bist, lohnt es sich, die GHV-MobilCard anzuschaffen. Übertragbar ist diese Monatskarte auch, Du kannst also auch andere damit fahren lassen. Und ab 19.00 Uhr und am Wochenende steht es Dir frei jemanden umsonst mitzunehmen.

Sehr beliebt ist in Hannover auch das Kombiticket für kulturelle und sportliche Events. Viele Veranstalter kooperieren mit der GHV (übrigens „Großraum-Verkehr Hannover GmbH") und so gilt Deine Eintrittskarte gleichzeitig als Ticket für die Öffentlichen.

Zählst Du zu den Nachtschwärmern, bringt Dich in Hannover der **Nachsternverkehr** wohlbehütet nach Hause. Ausgehend vom Kröpcke schwärmen die Bahnen und Busse der GHV bis in die frühen Morgenstunden sternenförmig in alle Richtungen aus. „Feiern", S. 1

Nun noch die gute Nachricht für Studenten: Wenn Du ein Semesterticket Dein Eigen nennst, darfst Du, ohne zu bezahlen, mit allen Bussen und Bahnen innerhalb Hannovers fahren. Und das ist noch nicht alles: Mit ein paar Einschränkungen kannst Du sogar in ganz Niedersachsen mit dem Semesterticket unterwegs sein. Ein Spontantrip in den Harz oder ans Meer? Kein Problem. Welches Ticket für Dich das richtige ist, findest Du hier raus: www.uestra.de.

Zu Zielen außerhalb Hannovers fährt der **RegioBus**. Sollte es Dich also mal in einen aufregenden Ort wie Göxe oder Berenbostel verschlagen, musst Du dort nicht den Rest Deines Lebens verbringen. Der Regiobus bringt Dich auch wieder zurück nach Hannover.

Göxener und Berenbosteler werden sich hingegen darüber freuen, dass sie nach einer Big-City-Night in Hannover mit dem Nachsternverkehr und dem anschließenden **Nachtliner** der RegioBus auch wieder zurückkehren können. Infos zu nächtlichen Haltestellen und Abfahrtszeiten gibt es hier: www.regiobus.de.

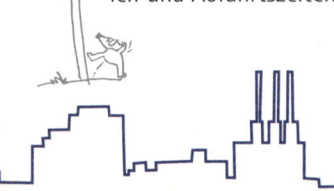

Oder doch mal etwas weiter weg?

Wenn Du doch mal für einen kürzeren oder längeren Urlaub aus Deiner Lieblingsstadt abhauen möchtest, hast Du natürlich auch unzählige Möglichkeiten dazu. Vom **Hauptbahnhof** aus gibt es täglich Direktverbindungen mit dem ICE, z.B. nach Hamburg, Berlin, München oder Köln.

Das Fernweh zieht Dich noch weiter weg? Dann steigst Du einfach in die S-Bahn-Linie 5, die bringt Dich zum Flughafen, den es in Hannover ja schließlich auch noch gibt!

Der **ZOB**, kurz für Zentraler Omnibusbahnhof, gegenüber dem Hauptbahnhof zählt zwar nicht zu den hübschesten Orten der Stadt, ist aber ein hervorragender Ausgangspunkt für einen Wochenendtrip. Von hier aus bringt Dich die Busflotte von **FlixBus** für wenig Geld in einige größere deutsche Städte. Planst Du also einen Kurzurlaub in Hamburg oder möchtest Du Deine Freunde in Frankfurt mal wieder besuchen, muss das mit dem Fernbus Deinen Geldbeutel nicht überstrapazieren. www.flixbus.de

--> Fahrpläne --> Hannover

Mit dem Auto

Eigentlich braucht man nicht unbedingt ein eigenes Auto in Hannover – nervige Parkplatzsuche, das ein oder andere Knöllchen, weil Du mal wieder ein bisschen zu viel Gas in der 30er-Zone gegeben hast, und eine nicht zu verachtende Anzahl an Blitzern kann Dir das Autofahren in der Stadt einigermaßen vermiesen. Wenn Du also nicht dringend darauf angewiesen bist – Alternativen für die Fortbewegung gibt's genügend.

Hannover
endlich

ndlich   endlich

Und wenn es, z.B. für den Wochenendausflug oder den Transport des neuen Kühlschranks, mal gar nicht ohne geht, gibt es ja schließlich noch ein paar Carsharing-Anbieter, wie **Quicar**, **stadtmobil** oder den Bahn-Ableger **Flinkster**, die Dir in solchen Fällen weiterhelfen können.

Die Stationen von Quicar z.B. begegnen Dir in Hannover fast überall. Nachdem Du Dich angemeldet hast, bekommst Du schnell und unkompliziert einen Wagen.

Besonders attraktiv für Studenten ist das Angebot von stadtmobil, das nicht nur Kleinwagen, Vans, Kombis und Transporter im Sortiment hat, sondern auch coole Cabrios. Mit dem Kühlschank auf dem Rücksitz des Cabrios wirst Du aber vermutlich ein bisschen an Coolness einbüßen. Mit der SemesterCard kannst Du jedenfalls zu einem Basispreis von 7,95 Euro monatlich günstig zum CarSharer werden – je nachdem für welches Auto Du Dich entscheidest und wie lange und wie viel Du damit rumfährst. www.quicar.de www.stadtmobil.de www.flinkster.de

Übrigens muss Deine Benzinkutsche für Hannover eine grüne Plakette haben. Und noch eine Besonderheit gibt's zugunsten der Umwelt: Einmal im Jahr muss der Hannoveraner Verzicht üben – und zwar am **Autofreien Sonntag**. Dieser Anlass lässt nicht nur den Abgaspegel in der Stadt deutlich sinken, er ist gleichzeitig auch „Hannovers Klimafest", bei dem sich die autofreien Straßen mit Künstlern, Musikern und feiernden Menschen füllen.
www.hannover-autofrei.de

s. „feste Feste", S. 199

Auf dem Wasser

Nichts für den täglichen Arbeitsweg, aber ein ganz großer Spaß ist eine Schifffahrt auf einem der Flüsse und Seen in bzw. um Hannover. Mit dem Schiff auf der Ihme unterwegs sein, einmal durch die

Limmer Schleuse fahren oder einfach nur auf dem Maschsee rum-
schippern – und sich dabei vielleicht auch noch den Sonntags-
brunch genehmigen? Geht alles. Weiteres über Routen und Fahrpläne erfährst Du hier: www.ihme-schifffahrt.de   www.uestra.de

--> Erlebniswelt
--> Maschseeboote

- - - - - - - - - - - - - - - - - - - Selbst-Anzeige - - - - - - - - - - - -

Das Handbuch für die beste Zeit des Lebens!

Alles für einen guten Start an der Uni,
ein erfolgreiches Studium und das
Leben drum herum in einem Buch: Von
der Studienwahl und Bewerbung über
die Finanzierung, Wohnungssuche und
die erste Hausarbeit bis hin zum WG-
Leben, der Mottenplage im Küchen-
schrank und dem drohenden Pleitegeier!

Hannover
endlich

Hannover
endlich

ndlich

endlich

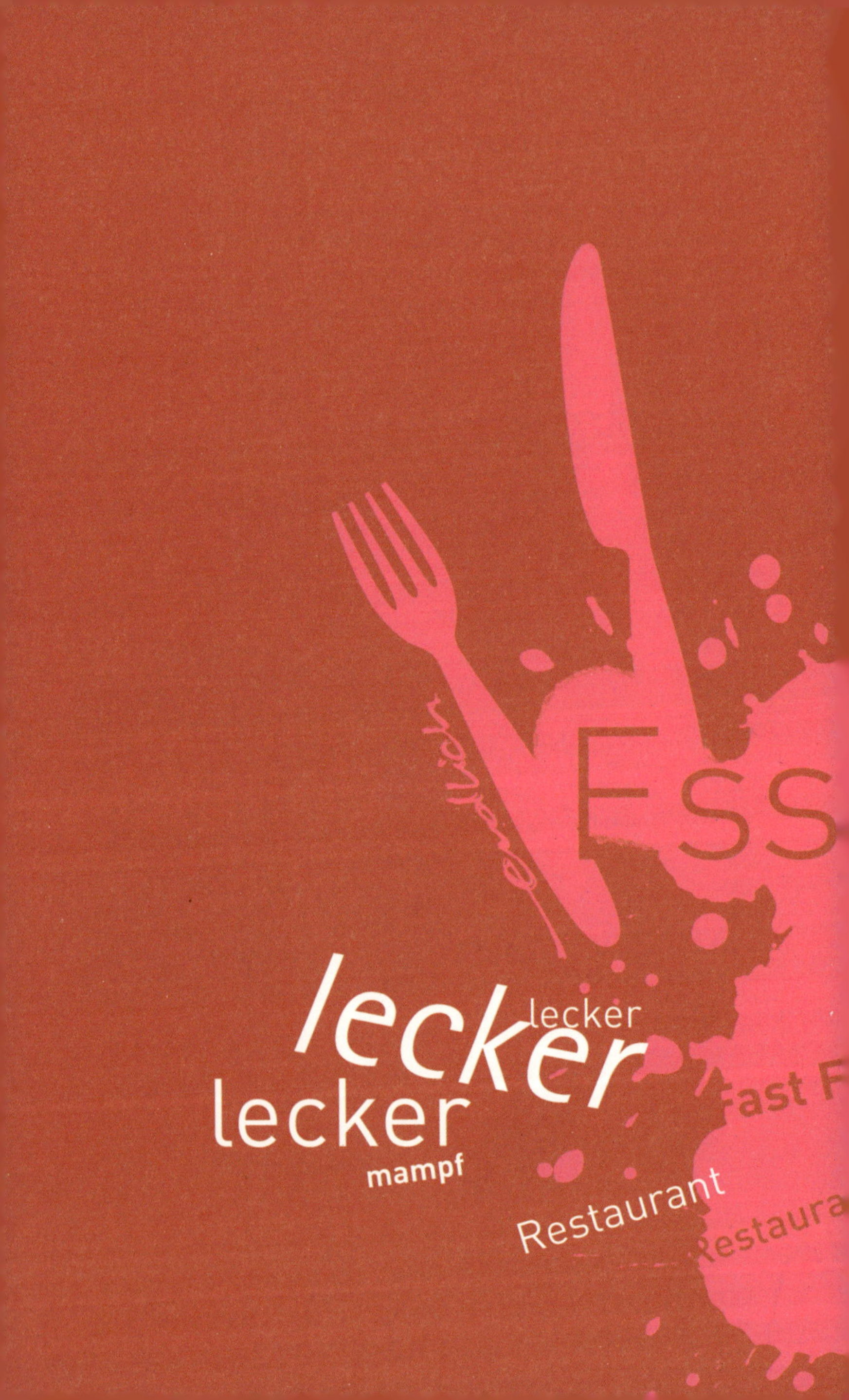
endlich
Ess
lecker
lecker
lecker
mampf
Fast F
Restaurant
Restaura

Hunger?

Hunger? Hunger?

Hunger

Hunger

Hunger

Essen

Essen

Essen

Essen

Essen

kochen

Kochen

Hunger

mainpf

Essen

mampf

Fast Food

Fast Food

Fast Food

Fast Food

mampf

endlich

Der Fernseher läuft, Du bist immer noch – oder schon wieder – im Schlafanzug, kannst aber den übermächtigen Wunsch nach einer leckeren Mahlzeit nicht mehr unterdrücken? Dann bleibt nur noch, den Film sausen zu lassen und Dir was zu kochen oder das Glotzen zumindest kurz zu unterbrechen und einen Lieferservice anzurufen. Zum Kochen brauchst Du zunächst mal die passenden Zutaten. An Supermärkten und Discountern mangelt es in Hannover zum Glück nicht. Viele haben sogar bis 23.00 oder 24.00 Uhr geöffnet. Bei (spät-)abendlichen Hungerattacken muss in Hannover also keiner zu Tankstelle.

Egal, wofür Du Dich entscheidest – damit Du im Hannoverschen Supermarkt- und Lieferantendschungel nicht den Überblick verlierst, geben wir Dir eine kleine Starthilfe. Der allgemeine Trend geht eindeutig Richtung Bio. Wenn Du zu den bewussteren Essern gehörst und gerne im Bioladen einkaufen gehst, bist Du hier goldrichtig:

> Die **kochschule Hannover** (Charlottenstr. 42) gibt originelle Kurse, wie z.B. das „Blind-Date Cooking", Männerkochkurse oder „Das kleine Fisch 1x1". Vielleicht erteilst Du Dir mal eine Koch-Lektion und lernst ganz nebenbei noch ein paar nette Leute kennen.
> www.kochschule-hannover.de

Biologisches

Die Bioladenkette **denn's Biomarkt** (z.B. Marktstr. 45) betreibt in Hannover sechs Filialen und jede macht Lust, sich aus den guten Zutaten, die Du hier bekommst, was Schönes zu kochen. Das Sortiment bei denn's ist beachtlich und die Preise moderat – Studentenrabatt gibt's sogar auch. www.denns-biomarkt.de

Die **Grüne Tomate** (An der Lutherkirche 19) ist ein netter kleiner Laden. Zur großen Auswahl an frischem Obst und Gemüse, Tiefkühlprodukten und Biofleisch wirst Du hier außerdem echt gut beraten.

Hannover
endlich
ndlich
Hannover
endlich

Der **Calenberger Bioladen** (Calenberger Str. 47) hat alles für Dein selbstgemachtes Gourmetmenü in Bioqualität. Die große Auswahl an Brot, die gut sortierte Käsetheke und die Ökoweine sind aber auch schon genügend Gründe, hier mal vorbeizuschauen.

Wenn Du bereits hungrig hier ankommst, lohnt sich ein Blick auf den „Suppenplan". Der ist abwechslungsreich und originell. www.calenberger-bioladen.de

Konsequenz auf ganzer Linie beweist Norddeutschlands erster Veganshop **Nature's Food** (Limmerstr. 89). Vom Brotaufstrich und den Tofuprodukten bis hin zum Süßkram gibt's hier alles, was das Veganerherz höher schlagen lässt – und das zu fairen Preisen. www.natures-food.de

Höfisches

Wer sich vor dem Kauf davon überzeugen möchte, dass vom Rind bis zum Radieschen alles glücklich aufwächst, der kann einen der Hofläden ansteuern.

Dem Hofladen des **Guts Adolphshof** (Gut Adolphshof 1, Lehrte) ist anzumerken, dass er mit Leib und Seele betrieben wird. Käse, Obst, Gemüse, Fleisch, Backwaren, Honig und vieles mehr überzeugen genauso wie das soziale Engagement der Betreiber.

Menschen mit geistiger Behinderung arbeiten und leben auf dem Gut und werden in den Hofalltag integriert. Einmal im Jahr wird hier das Apfelfest gefeiert mit Apfelstockbraten, Wettschälen, Saftpressen und mehr.

Einige der Apfelbäume, die zum Hofbetrieb gehören, sind übrigens schon über 700 Jahre alt! www.adolphshof.de --> Hofladen

Niedersachsen ist ja bekannt für seine guten Kartoffelböden. Da wundert es auch keinen, dass man hier ein großes Herz für Erdäpfel hat. Das macht sich auch in **Maages Landladen & Biolandhof** in Ronnenberg (Hermann-Löns-Str. 18) bemerkbar. Natürlich bietet der Hofladen auch sonst alles, was man aus nachhaltiger Landwirtschaft herausholen kann. Wer noch nie ein glückliches Wollschwein gesehen hat, sollte unbedingt mal vorbeischauen!
www.biolandhof.maage.de

Marktfrisches

Wer nicht auf Marktgeschrei, Stadtteilflair und frische regionale oder exotische Lebensmittel verzichten mag, kann sich auf einem der zahlreichen Märkte in Hannover satt kaufen. Einer der größten und ältesten Wochenmärkte ist der am Klagesmarkt, bei dem Du immer samstags zwischen 8.00 und 13.00 Uhr Deine Lebensmittelvorräte wieder aufstocken kannst.

Eine Übersicht über Hannovers Märkte findest Du auf den Seiten 68 und 69.

Feinköstliches

Steht Elternbesuch bei Dir an oder Du willst Dir einfach mal was Exklusiveres gönnen? Dann lohnt es sich, mal in einem von Hannovers Feinkostläden vorbeizuschauen.

Im alteingesessenen **Feinkost Backhaus** (Königstr. 45) gibt's neben einer Frischetheke mit Käse, Fleisch und Pasteten auch viele Öle, Weine und edle Pralinen. Fehlt noch ein Präsent für jemanden, der gerne gut isst, triffst Du mit einem Geschenkkorb von Backhaus bestimmt ins Schwarze.

Wochen

Ahlem
Rathausplatz
Do
14.00 bis 18.00 Uhr

Badenstedt
gegenüber dem
Denkmal
Mi 14.00 bis
18.00 Uhr

Groß-Buchholz
Buseestr./Guerickestr.
Fr 14.00 bis 18.00 Uhr

Herrenhausen
Herrenhäuser Markt
Sa 8.00 bis 13.00 Uhr

Klagesmarkt
Am Klagesmarkt
Di & Sa
8.00 bis 13.00 Uh.

Lister Meile
Auf der Lister
Meile/Gretchenstr.
Do 14.00 bis 18.00 Uhr

Misburg
Hinter der alten Burg
Sa 8.00 bis 13.00 Uhr

Ricklingen
August-Holweg-Platz
Do 8.00 bis 13.00 Uhr

Roderbruchmarkt
Roderbruchmarkt
Di & Fr
14.00 bis 18.00 Uhr

Rübezahlplatz
Rübezahlplatz
Mi 8.00 bis 13.00 Uhr

Stöcken
Stöckener Markt
Fr 8.00 bis 13.00 Uhr

Vahrenwald
Jahnplatz/Auf dem Dorn
Mi 8.00 bis 13.00 Uhr

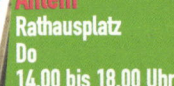

ärkte *endlich*

Davenstedt
Davenstedter Markt
Fr 14.00 bis 18.00 Uhr

Döhren
Fiedeler Platz
Fr 8.00 bis 13.00 Uhr

Linden
Lindener Marktplatz
Di & Sa
8.00 bis 13.00 Uhr

Kloppstockstraße
Kloppstockstr.
Fr 8.00 bis 13.00 Uhr

Moltkeplatz
Moltkeplatz
Mi 8.00 bis 13.00 Uhr

Mühlenberger Markt
Mühlenberger Markt
Mi 14.00 bis 18.00 Uhr

Pfarrlandplatz
Pfarrlandplatz
Sa 8.00 bis 13.00 Uhr

Schaperplatz
Schaperplatz
Do 8.00 bis 13.00 Uhr

Sahlkampmarkt
Sahlkampmarkt/
Hägewiesen
Do 14.00 bis 18.00 Uhr

Stephansplatz
Stephansplatz
Fr 8.00 bis 13.00 Uhr

Wallensteinstraße
Rübezahlplatz
Do 8.00 bis 13.00 Uhr

Zooviertel
Schackstr.
Di 8.00 bis 13.00 Uhr

Hannover
endlich

Hannover

endlich

endlich

Bringdienst lecker
Fast Food
Essen

Käse Schaub (Hildesheimer Str. 31) ist ein Paradies für jeden Käse-liebhaber. Ein überwältigender Duft von herrlichen Sorten aus Schafs-, Kuh- und Ziegenmilch steigt Dir in die Nase und Du weißt auf Anhieb eigentlich nie, für welche Du Dich entscheiden sollst.

Die **Markthalle** (Karmarschstr. 49) wird nicht umsonst auch „der Bauch Hannovers" genannt. Mit jeder Art von Feinkost kannst Du Dich hier eindecken. Ein Besuch bei Gosch Sylt oder Karen Klemme ist übrigens ein Muss, wenn Du auf der Suche nach gutem Fisch oder Fleisch bist.

Kleine Bistros, Restaurants und Cafés findest Du in der Markthalle auch. Samstags hier einkaufen und danach zum Mittagessen blei-ben ist ein liebgewonnenes Ritual der Hannoveraner.
www.hannover-markthalle.de

Länderspezifisches

Asiatisch

Appetit auf Sushi, was Gewoktes oder was Feuriges? Dann ab in den Asia-Laden!

Der **I.SHOP** (Andreaestr. 8-9) hat die größte Auswahl an Lebensmit-teln aus Asien, Produkte aus Südamerika und Afrika sind aber auch dabei. Der Laden ist übersichtlich nach den jeweiligen Ländern sor-tiert und wer nicht nur die Zutaten für sein Gericht, sondern auch das passende Zubehör für einen asiatischen Abend sucht, wird hier ebenfalls fündig. www.i-shop-now.de

Im **Asia Markt K. Thanh** (Rundestr. 6) hinterm Bahnhof bekommst Du täglich frisches Gemüse, Fisch und Fleisch und alle möglichen exotischen Kräuter – auch über Koriander und Zitronengras hinaus.

Italienisch

Die **Rossini GmbH** (Tillystr. 8b) ist eigentlich ein Großmarkt mit italienischen Lebensmitteln, aber auch als Privatkäufer kann man in einer riesigen Auswahl an frischen Antipasti, Meeresfrüchten, Olivenöl, Käse und Kräutern stöbern. Die meisten kommen allerdings wegen der frischen Pasta – und das zu Recht! www.rossini-gmbh.de

Der Geheimtipp zum Probieren und Kaufen von Weinen, Kaffee und vor allem original italienischer Wurst und italienischem Käse ist das **Zanzarelli** (Hildesheimer Str. 72). Zu Mittag gibt's hier auch grandiose frische Pasta-Gerichte, die Du Dir auf keinen Fall entgehen lassen solltest. www.zanzarelli.de

Türkisch

Kleine Läden mit türkischen Lebensmitteln und viel frischem Obst und Gemüse begegnen Dir in Hannover ständig. Eine der guten Adressen für Schafskäse, Oliven, frischen Börek und Eingelegtes ist das **Salat- und Fruchtparadies Südstadt** (Hildesheimerstr. 107).

Englisch

Der **Britannia Shop** (Lister Meile 38) ist besonders bei Fans von Salt & Vinegar Chips, herrlich buttrigem Shortbread und schottischer Nationalbrause beliebt. Wenn Du Glück hast, brät Dir der Besitzer auch eine Extrawurst und bringt Dir von seinem nächsten Englandbesuch das Gewünschte mit. www.britannia-shop.de

Und danach?

Ein Pariser Konditor kreiert in der **Pâtisserie und Chocolaterie Elysée** (Vahrenheider Markt 1) Torten, Pralinen und Petit Fours, die süchtig machen. In den Elysee-Cafés, die in verschiedenen Ecken Hannovers anzutreffen sind, kannst Du die Köstlichkeiten auch vor Ort genießen. www.patisserie-elysee.de

Hannover
endlich
Hannover
ndlich
endlich

Im **Café Parthier & Chocolaterie** (Alte Bemeroder Str. 98) kann man sich nach einer Radtour durch die Eilenriede optimal mit Käsekuchen, handgemachten Pralinen oder Trüffeln versorgen – oder direkt dort verputzen. www.cafe-parthier.de

Bringdienste

Du bist zu müde, die Küche ist zu klein oder der Kochkurs war für die Katz? Kein Problem, in Hannover verhungert dank Lieferservice so schnell keiner.

Pizza und Pasta

Die beste Steinofenpizza, aber auch Pasta, Salate und Aufläufe bringt Dir – sogar ziemlich schnell – der Pizzabringdienst **Il Forno**. Ab einem Bestellwert von 25 Euro gibt es einen Rotwein gratis dazu. Tel. 0511/3534011, www.pizza-il-forno.de

La Gazella ist bekannt für seine großen Portionen und die American Pizza. Wenn Du Lust auf dicken Boden und Käserand hast, lass Gazella anrücken! Tel. 0511/3004567, www.la-gazella-hannover.de

Exotisch wird's bei **Hallo Pizza**. Hier kannst Du nicht nur die Art Deines Pizzabodens wählen, sondern auch gewöhnungsbedürftige Kreationen, wie beispielsweise Pizza mit Bratkartoffeln ordern. Tel. 0511/8443888, www.hallopizza.de

Hähnchen

Knuspriges „Grillhendl", Burger und Pommes bringt **Wienerwald** frisch zu Dir nach Hause. Vor der Bestellung am besten noch einen Blick auf die Lieferzeiten werfen! Tel. 0511/886739, www.hannover-wienerwald.de

 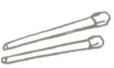

Asiatisch

Tokio Sushi liefert zwar immer nur von 17.00 bis 22.00 Uhr, und das zu recht hohen Preisen, dafür werden die kleinen Sushi-Meisterwerke vom Experten zubereitet und sind immer frisch. Tel. 0511/3534575, www.tokiosushi.com

Jede erdenkliche Art von Sushi bekommt man bei **Sushi-Do**. Nigiri, Sashimi und Co. kommen immer frisch bei Dir an. Dafür dauert die Lieferung hier manchmal etwas länger. Tel. 0511/2203572, www.sushi-do.de

Son Ha hat noch einiges mehr drauf als Ente süß-sauer. Die Vietnamesischen Frühlingsrollen solltest Du unbedingt probieren! Tel. 0511/1236768, www.son-ha.de

Chinesisches, Thailändisches und vor allem gute Suppen liefert Dir **Asia Cuisine**. Den Mindestbestellwert und den Auslieferungsradius solltest Du hier beachten. Tel. 0511/5859588, www.asiacuisine.de

Indische Gerichte, darunter auch viele vegetarische, kannst Du bei **Indisch Bollywood** bestellen und bequem per EC-Karte bezahlen. Tel. 0511/817824, www.indisch-bollywood.de

Burger-Bringdienst

Hamburger, Cheeseburger, aber auch kubanisch angehauchte Rollos bringt Dir **Presto Zelos** an die Haustür. Auch hier auf den Mindestbestellwert achten! Tel. 0511/89814051, www.prestozelos.de

Bagel-Bringdienst

Belegte Bagels in unterschiedlichsten Variationen liefern Dir die **Bagel Brothers** nach Hause. Den Salat dazu und den Brownie für hinterher bekommst Du hier natürlich auch. Tel. 0511/1693510, www.bagelbrothers.com

Hannover
endlich
endlich

Hannover
endlich

Hunger? Hunger?

Essen
unterwegs

Restaurant Fast Food

Döner
Speisekarte Pizza

Fast Food

Döner estaura

Schnell und lecker für unterwegs

Du befindest Dich gerade mitten im herrlichsten Shoppingrausch, bist auf der Suche nach Hannovers schönstem Platz oder einfach nur auf dem Weg von hier nach da und sie schlägt zu: die Hungerattacke! Dein Magen knurrt unüberhörbar und das Abendessen ist noch lange nicht in Sicht. Jetzt brauchst Du schnell und einfach Deine Dosis Kalorien – und schmecken soll sie am besten auch noch. Die für diesen Fall infrage kommenden Döner- und Würstchenbuden, Nudel-Take-aways usw. gibt es in der Stadt zum Glück an jeder Ecke.

Döner und Falafel

Bei **Falafel Habibi** (Nikolaistr. 3) kannst Du Dir die leckeren Kichererbsen-Bällchen schmecken lassen. Außer der Falafel hat Habibi aber auch noch Couscous und Hummus auf der Karte. Als Fleischesser bist Du hier mit dem Dürüm-Döner oder den Hackfleischvariationen gut bedient.

Für ein Halloumi-Gericht und für Lahmacun bietet sich ein Besuch bei **Al Hayat** (Friesenstr. 58) an – hier sind auch die Preise ziemlich gut!

Auch bei **Berliner Döner** (Deisterstr. 14) bekommst Du was richtig Leckeres auf die Hand. Den Döner gibt's wahlweise mit Lamm oder Huhn und verschiedene Saucen dazu.

Asiatisch

Neben dem Sushi-Sortiment gibt's bei **Mr. Thang** (Limmerstr. 26) vor allem feinste vietnamesische Küche ohne Glutamat. Auf Wunsch bekommst Du die Gerichte auch mit Tofu statt Fleisch. www.mrthang.eu

Der neue **Thai-Imbiss Am Steintor** (Am Marstall 8) bietet authentische thailändische Gerichte und appetitliche Suppen an – und alles mit frischen Zutaten.

Die Nudeln im **Noosou** (Raschplatz 5, im Bahnhof) sind selbstgemacht – und sie werden in den besten, frischesten und größten thailändischen Suppen der Stadt versenkt. Reingehen und ausprobieren! www.noosou.de

Das **Koh-I-Noor Dhaba** (Hildesheimer Str. 85) gilt als Geheimtipp unter den Fans der indischen Küche. Sehr beliebt, nicht nur bei Vegetariern, sind hier die Paneer-Gerichte. Der gegrillte Rahmkäse schmeckt am besten mit „Chef's Special Sauce"!
www.kohinoor-dhaba.de

Suppen

In der **Suppenstube** (Deisterstr. 53) bekommst Du jeden Tag bis zu sechs verschiedene, frisch zubereitete Suppen und Eintöpfe geboten. Hier werden vorwiegend regionale Zutaten verwendet, aber etwas Exotisches ist auch immer mal wieder dabei. Selbstgebackenes Brot dazu und eine Biolimo – klingt gut? Ist es auch!
www.suppen-stube.de

Currywurst und Pommes

Für die Imbiss-Klassiker Bratwurst, Currywurst und Frikadelle ist **Till Eulenspiegel** (Mecklenheider Str. 75) zuständig. Und aus der Fritteuse kommen dann die schönen fettigen Pommes dazu.
www.hannover-imbiss.de

Auch **Pommesglück** (Niki-de-Saint-Phalle-Promenade 22) bietet die frittierten Kartoffelstücke an. Zu den belgischen Pommes-Variationen kannst aus einer beachtlichen Anzahl an Dips, Saucen und Ketchups auswählen.

Bio Fast Food

Gesundes Fast Food? Was sich widersprüchlich anhört, gibt es aber tatsächlich – und zwar bei **Flow Food** (Engelbosteler Damm 13). Die Burger in Bioqualität sind grandios, genauso die frischen Pommes, Salate und Suppen. Die Preise sind eher gehoben, dafür erwartet Dich bei Flow Food ein echter Gaumenschmaus. Und das gute Gewissen beim Fast-Food-Essen ist ja schließlich auch was wert.

Endlich Mittagspause!

Wenn Du Dich nicht mehr von Mutti bekochen lassen kannst, Du aber trotzdem mittags gerne eine ordentliche Mahlzeit auf dem Tisch hast, dann könnte die Mensa die richtige Wahl für Dich sein. In Hannover gibt es mehrere Mensen, fast jede Fakultät bietet ihren Studenten gutes und preiswertes Essen. Nicht-Studis sind übrigens auch willkommen. www.studentenwerk-hannover.de --> Essen & Trinken

Die **Contine** (Königsworther Platz 1) ist frisch renoviert und an der Uni der absolute Favorit. Mit gutem Grund: Du kannst Dir so viele Beilagen auf den Teller häufen, wie Du möchtest, es gibt immer frische Pizza und die Muffins im dazugehörigen Café sind unwiderstehlich.

Die **Hauptmensa** (Callinstr. 32) hat außer dem größten Angebot noch einen weiteren Pluspunkt: den „Marktstand". Hier kannst Du auch mal bei Rinderleber mit Rosmarinkartoffeln oder Dorschfilet in Sesamkruste ordentlich reinhauen – und die Preise sind trotzdem ganz in Ordnung.

Die **Mensa Caballus** (Bischofsholer Damm 15) in der ehemaligen Pferdeklinik der Veterinärmedizinischen Fakultät landete 2012 auf Platz 2 der besten Mensen Deutschlands – also nix wie hin!

Du bist kein Student (mehr) und froh, dass die Mensa-Zeiten ein für allemal vorbei sind? Dann gibt es auch noch diese Kantinen und Mittagstische in Hannover:

Schrill bunt und sehr sympathisch ist der erste Eindruck, den das **Café Nanas** (Maschstr. 22-24) hinterlässt. Bei dem freundlichen Laden handelt es sich um ein Restaurant, in dem alle Gerichte von Auszubildenden zubereitet werden. Ein bisschen Wartezeit musst Du hier zwar mit einplanen, aber sowohl das Mittagstischangebot als auch das À-la-carte-Essen sind richtig lecker und die Preise sind unschlagbar.

In der **Kantine im Schauspielhaus** (Prinzenstr. 9) wird in einer Showküche exquisites, aber dennoch recht günstiges Essen zubereitet. Dienstag ist hier der so genannte „Veggie-Tag".

Für unter 7 Euro bekommst Du bei **Ruenthai** (Lavesstr. 79) ein thailändisches Mittagessen inklusive Tagessuppe. www.ruenthai.de

Leckere Hausmannskost, aus regionalen Zutaten zubereitet, wird Dir in **Reimanns Eck** (Lister Meile 26) serviert. Was hier auf den Tisch kommt, ist hauptsächlich regional, einfach und ausgesprochen köstlich. Und die Preise sind auch noch zivil! Gehört ins Pflichtprogramm für jeden, der's gerne gutbürgerlich mag.
www.clichy.de --> Reimanns Restaurants --> Reimanns Eck

Ein Besuch im **Café Schaukelstuhl** (Seelhorststr. 12) im Zooviertel lohnt sich allein schon der Einrichtung wegen. Sessel im altmodischen Blümchenmuster und Porzellan in der Glasvitrine erinnern an Omas gute Stube.

Der **Veggie-Tag** ist eine Initiative von Hannoveraner Umweltorganisationen und Verbänden, die sich dafür einsetzen, dass in Hannover wenigstens einmal wöchentlich fleischlos gegessen wird. Viele Restaurants der Stadt machen dabei fleißig mit.
www.veggietag-hannover.de

Alles wird appetitlich angerichtet und schmeckt auch noch ziemlich gut. Der Mittagstisch wechselt täglich – und wenn Du danach noch Platz für etwas Süßes hast, dann bestell Dir ein Stückchen von dem wunderbaren hausgemachten Kuchen!
www.cafe-schaukelstuhl.de

Regionales ...

Im gemütlichen **Backöfle** (Mittelstr. 11), wo der Chef an jedem Tisch höchstpersönlich das mündliche Vortragen der Tageskarte zelebriert, bekommst Du Echt-Hannoversches auf den Tisch. Die Piratensuppe, die Du hier u.a. schlürfen kannst, klingt jetzt nicht gerade nach einer regionalen Spezialität, ist aber auch ziemlich gut. www.backoefle.de

Auch wenn die meisten wegen des selbstgebrauten Bieres ins **Brauhaus Ernst-August** (Schmiedestr. 13) pilgern, liefert auch die Speisekarte genügend Gründe, sich hier mal sehen zu lassen. „Hanöversches Krustenbrot" zur Vorspeise, danach Sauerfleisch mit Bratkartoffeln: Wenn Du das hinter Dir hast, darfst Du Dich getrost als einheimisch betrachten. Schnitzel & Co. findest Du auf der Karte natürlich auch. www.brauhaus.net

Praktisch direkt im Ziegengehege des Zoos liegt das **Gasthaus Meyer** (Adenauerallee 3). In der gemütlichen Fachwerkscheune wird gute regionale Küche, z.B. Grünkohl nach altem Hausrezept, aufgetischt. Ab 18.00 Uhr ist hier auch für Besucher ohne Zoo-Eintrittskarte geöffnet. www.zoo-hannover.de

--> feiern-geniessen --> gasthaus-meyer

... und internationales Schlemmen

Hannover ist international – und Hannovers Restaurants sind es erst recht! Du hast also die Qual der Wahl, was aber nicht weiter schlimm ist, schließlich hat das Jahr ja genügend Abende, um sich in Ruhe um den Globus zu mampfen.

Italienisch

In einem 400 Jahre alten Fachwerkhaus ist das **Gallo Nero** (Gross-Buchholzer Kirchweg 72b) zu Hause. Urgemütlich kannst Du hier unterm alten Holzgebälk sitzen und trotzdem hat das Restaurant ein schönes modernes Ambiente. Die Speisekarte ist abwechslungsreich und enthält gerne mal was Trüffliges oder außergewöhnliche Vorspeisen wie Thunfischtartar. Die populären Nudelgerichte, wie z.B. Spaghetti Vongole, kommen hier aber genauso auf den Tisch – und einen vorzüglichen Rot- oder Weißwein gibt's auch dazu. www.gallo-nero-hannover.com

Das **Luci della Montagna** (Dieckbornstr. 44) hat das Zeug zum Stamm-Italiener: Schneller und netter Service, faire Preise und eine solide Auswahl an leckerer Pasta und Pizza sowie eine Tageskarte mit Fisch und Fleisch.

Das **Tropeano Di-Vino** (Kleiner Hillen 4) wird von italienischen Gästen hoch gelobt und würde vielleicht als Geheimtipp durchgehen, wenn es nicht schon so bekannt wäre – unter anderem wegen der tollen Weinauswahl und der ausgefallenen Carpaccio-Variationen. Ein paar Euro mehr solltest Du einstecken, bevor Du hier herkommst, dafür wird Dein Gaumen aber ganz schön verwöhnt. www.restaurant-tropeano.de

Bei **Il Gufo** (Helenenstr. 37) fühlt man sich nicht nur wie am Mittelmeer, es schmeckt auch original italienisch und Du wirst super freundlich bedient. Das Tiramisu ist übrigens göttlich!

Griechisch

Im **Anesis** (Bödekerstr. 29) sind vor allem die Fischgerichte und das Lamm vom Lavastein die Renner. Weniger griechisch, aber dennoch vorzüglich ist das beachtliche Angebot an edlen deutschen Weinen, die die „Weinbar" des Anesis vorzuweisen hat.
www.restaurant-anesis.de

Schon seit über 30 Jahren gibt es das **Naxos** (Osterstr. 37). „Ein Stück Griechenland mitten in Hannover" lautet hier das Motto und die angedeuteten, typisch griechischen Häuser im Innern des Lokals lassen auch wirklich ein bisschen Ferienstimmung aufkommen. Warum also nicht mal bei einem gegrillten Fisch im Naxos einen Kurzurlaub von Hannover nehmen? www.restaurant-naxos.com

Französisch

Gäste des **Clichy** (Weißekreuzstr. 31) beschreiben den Effekt der hier zusammengestellten Menüs nicht selten als Geschmacksexplosion. Der Laden wirkt ziemlich edel, aber auch wenn Du kein ausgesprochener Kenner der französischen Küche bist, wirst Du Dein kulinarisches Wunder und einen guten Service erleben.
www.clichy.de

Mit französischer Bioküche und originellen Gerichten lockt das **La Provence** (Kneippweg 21) seine Gäste an. Mit mediterranen Pflanzen drumherum kannst Du hier im ehemaligen Gewächshaus speisen. www.provence-paradies.de

Orientalisch

Deutlich mehr als Falafel, Tabuleh und Hummus hat das **Aldar** (Königstr. 3) drauf: authentische syrische Küche mit viel Geschmack und eine Atmosphäre wie in 1001 Nacht! Die „Reise durch Syrien" ist hier auch vegetarisch zu haben. www.aldar-hannover.de

Günstiges, aber unglaublich gutes afghanisches Essen und Cocktails werden im **Masa** (Georgstr. 50b) aufgetischt. Die Küche hat bis 24.00 Uhr geöffnet, richtig gemütlich ist es im Sommer im dazugehörigen Biergarten. www.masa-hannover.de

Der **Granatapfel** (Oeltzenstr. 12) ist das einzige libanesische Restaurant in Hannover und hat neben vielen Weinen aus dem Libanon eine Speisekarte voller exotischer Leckereien mit klangvollen Namen wie Schischbarak, Samboussak oder Fattoush und auch herrliche Nachspeisen. www.restaurant-granatapfel.de

Um beste osmanische Küche und ein tolles orientalisches Ambiente zu bekommen, ist der **Sultan Palace** (Schaumburgstr. 3) die richtige Adresse. www.sultanpalace.de

Mexikanisch

Das **Bolero** (Nikolaistr. 3) bietet Dir nicht nur Chili con carne, Nachos und Tortilla-Chips mit höllisch scharfem Dip, ein richtig gutes Steak bekommst Du hier auch.

Am „2 for 1 Monday" kannst Du mit Deiner Begleitung – oder auch alleine – ein echtes Schnäppchen machen und zwei Gerichte zum Preis von einem bestellen. www.bolerobar.de --> Hannover

Spanisch

Im **Besitos** (Goseriede 4) steht eine gigantische Anzahl an warmen und kalten Tapas zur Auswahl – und sie machen den besten Mojito der Stadt. www.besitos.de -->Stadtwahl --> Hannover

Genauso bekannt für seine Tapas wie für seine Fischgerichte ist das **O'Atlantico** (Kötnerholzweg 6). Für die Paella lohnt sich der Weg hierher übrigens auch.

Hannover
endlich
ndlich
Hannover
endlich

Du liebst nicht nur die spanische Küche, sondern kannst auch richtig viel davon essen? Dann könnten die großen Portionen im **La Casa** (Spannhagengarten 12a) etwas für Dich sein. Spezialitäten vom herzhaften Tapas-Teller bis zum Kaninchen bekommst Du hier zubereitet. www.restaurante-lacasa.de

Portugiesisch

Wer rustikales Ambiente und portugiesische Fischgerichte mag, ist im **Algarve** (Ricklinger Str. 83) genau richtig. Am besten bestellst Du einen Tisch vor, denn das Restaurant ist nicht sehr groß und häufig gut besucht. Tel. 0511/442697

Asiatisch

Das **Streetkitchen** (Limmerstr. 26) verzichtet bei der Zubereitung der vietnamesischen Leckerbissen auf Glutamat und künstliche Aromastoffe. Die Gerichte sehen nicht nur toll aus, sie schmecken auch so. Und der Geldbeutel wird hier auch nicht allzu sehr strapaziert. www.streetkitchen-viet-cuisine.de

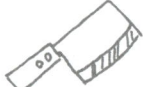  

Ausgefallenes aus Japan, Indonesien und Thailand gibt es in der zweistöckigen Glaspyramide **Gingko** (Misburger Str. 81). Von 12.00 bis 14.30 Uhr wird hier immer von Montag bis Samstag auch ein Lunchbuffet für wenig Geld angeboten.
www.ginkgo-hannover.de

Das **Tai Pai** (Hildesheimerstr. 73) ist Hannovers ältestes Chinarestaurant. Die Menüs lassen kulinarisch keine Wünsche offen und wer mittags dort essen gehen möchte, wird sich über die guten Preise freuen. www.tai-pai.de

Die **SushiBar Gim** (Goethestr. 48) bereitet Dir das beste und frischeste Sushi und viele andere japanische Gerichte zu.
www.hannover-sushi.de

Für traditionelle indische Tandoori-Gerichte und leckere Curry-Variationen ist in Hannover das **Shalimar** (Lange Laube 13) zuständig. Für die Zigarette danach gibt es hier auch einen großzügigen und gemütlichen Raucherraum. www.shalimar-hannover.de

Während Du im **Taj Mahal** (Hinüberstr. 21) bequem auf dem Sofa sitzt, bringen Dich die scharfen Köstlichkeiten so richtig ins Schwitzen. Die große Auswahl an vegetarischen Gerichten lockt nicht nur Curry-Fans hierher. www.tajmahal.de --> Hannover

Amerikanisch

Henry's (Georgstr. 50) wirbt mit dem Slogan „Best Burgers in town"– vielleicht überzeugst Du Dich vor Ort einfach selbst davon. Falls Du zu Deinem Burger Lust auf was Ausgefalleneres hast, dann probierst Du vielleicht einfach mal die Pommes mit Chili con Carne und Käsesauce! www.henrysgriddle.de

Einfach lecker und unkompliziert

Die Currywurst mit Pommes wird in der **Klickmühle** (Leinstr. 25) „Schimanski-Teller" genannt. Und besonders gut schmeckt sie beim Hannover-96-Spiel-Anschauen oder zum Feierabendbier. Über günstige Preise darf man sich hier auch freuen.
www.klickmuehle.de

Fürs Einkehren im **Café Goldfisch** (Sallstr. 48) ist eigentlich immer die richtige Zeit. Ziemlich stylish und trotzdem irgendwie heimelig sieht es hier aus und das Ciabatta mit der hausgemachten Rucola-Parmesan-Butter oder der frische Tagessalat schmecken besonders gut. Wenn Du gerne viel Schweinernes isst: Donnerstag ist Schnitzeltag! www.goldfisch-hannover.de

Studentenkneipen

Eine große Auswahl an Nudelgerichten, Salaten und auch diverse Suppen gibt's im **Mezzo** (Lister Meile 4). Die manchmal ein bisschen laute Musik bekommst Du gratis dazu. www.cafe-mezzo.de

Eine ansehnliche Auswahl an Pizzas und auch leckere Aufläufe hat das **Café Safran** (Königswortherstr. 39) zu bieten. Echt kultig und ideal auch für den Hunger nach dem Durst – die Küche hat bis 2.00 Uhr morgens geöffnet. www.cafesafran.de

Im **Kleinen Museum Linden** (Grotestr. 10) wird eine richtig gelungene Mischung aus französischer und deutscher Küche serviert. An der Decke und an den Wänden ist das Lokal ausstaffiert mit skurrilen Mitbringseln aus aller Welt – irgendwie museumsmäßig eben!

Besondere Lokale

Wenn Du einen besonderen Anlass zu feiern hast, Deine Eltern zu Besuch sind oder Dir einfach mal danach ist, etwas exklusiver essen zu gehen, hat Dir Hannover ein paar richtig feine Läden zu bieten:

Im schicken Glasgebäude direkt auf dem Maschsee kannst Du im **Pier 51** (Rudolf-von-Bennigsen-Ufer 51) ausgefallene Gerichte der gehobenen Küche und gleichzeitig den Seeblick genießen. www.pier51.de

Der **Zauberlehrling** (Geibelstr. 77) verbindet klassische niedersächsische Küche mit moderner Kochkunst und legt Wert auf den Einsatz von regionalen Produkten. Die Speisekarte ist übersichtlich, die
Gerichte darauf aber umso köstlicher! Einen der guten Weine solltest Du dazu unbedingt probieren! www.derzauberlehrling.com

Egal ob „Otto's Bratcurrywurst" oder Lachstatar – im **Röhrbein**
(Joachimstr. 6) werden alle Gerichte veredelt und gerne neu inter-
pretiert. Wenn Du einen Platz im Innenhof am Brunnen ergatterst,
wirst Du Dir ein High-Society-Feeling nicht verkneifen können.
www.clichy.de --> Reimanns Restaurants --> Röhrbein

Das **basil** (Dragonerstr. 30) bietet eine tolle kreative und preiswer-
te Küche mit internationalen Einflüssen. Das edel anmutende und
trotzdem sehr sympathische Restaurant befindet sich im Kellerge-
wölbe eines ehemaligen Reitstalls. Für einen Verwöhntag das absolut Richtige! www.basil.de

Kaffee

endlich

Cappuccino

Durst?
Durst?
Durst?
Durst?
Bier
Bier
Bier
Bier
Wein
Wein
Wein
Kaffee
Bier
Cappuccino
Cappuccin
endlich
Cappuccino
Kaffee
Wein
Bier

Nun hast Du Dir also zünftig den Bauch voll geschlagen und was fehlt jetzt noch? Natürlich, irgendwie musst Du die ganzen Köstlichkeiten ja auch runterspülen – zum Beispiel mit Bier, Wein, Wasser, Tee, Kaffee ... Die Möglichkeiten sind beinahe unerschöpflich. In diesem Kapitel dreht sich alles um die flüssige Nahrungsaufnahme. Wohl bekomm's!

Kaffee/Tee/Kakao

Morgens, halb zehn in Deutschland oder auch wahlweise vor der Dämmerung um sechs, nachmittags um vier oder abends um zehn. Die richtige Zeit für Kaffee ist immer und der richtige Ort überall. Wer keinen Kaffee mag (ja, so etwas soll es geben), trinkt Tee oder Kakao, im Sommer gibt es Eiskaffee und andere Schweinereien. Den Kaffeedealer Deines Vertrauens findest Du in Hannover sicherlich unter einer der folgenden gesammelten Adressen:

Sitzkaffee

Alles in original italienisch bekommst Du im **Café Spesso** (Sutelstr. 79) an der Bahnhaltestelle Noltemeyerbrücke. Selbst gemachte Pasta, Feinkost, pervers süße Kuchen und natürlich erstklassige italienische Kaffeespezialitäten wie Latte macchiato, Espresso doppio oder Caffè crema. Hier vergisst Du glatt, dass Du nicht in Roma, sondern in Hannover bist und draußen nicht der Trevi-Brunnen, sondern der Mittellandkanal rauscht. www.spesso.de

Die **Konditorei Kreipe** ist eine hannoversche Institution, die für hervorragende Kuchen und Torten wie zum Beispiel die drei Bs bekannt ist: Baumkuchen, Bismarcktorte und Butterkuchen. Bei den dazugehörigen Filialen Coffee Time in der List (Sedanstr. 36) und in der Innenstadt (Rathenaustr. 12), kann man neben den traditionellen Kuchenspezialitäten auch verschiedene Kaffeesorten aus aller

Welt und herzhafte Snacks bekommen. Besonders angenehm: Wenn Du in Hannover studierst und hier auch Deinen Wohnsitz anmeldest, bekommst Du mit der „Hausmarke" Rabatt bei Kreipe. www.konditorei-kreipe.de

s. auch „Frostige Zeiten", S. 133

Die Sallstraße in Hannovers Südstadt ist eine der wichtigsten Lebensadern dieses schönen Stadtteils. Umso überraschender, dass man sogar an dieser großen und viel befahrenen Straße richtig nett draußen sitzen kann, nämlich auf der Sonnenterrasse des **Café LaSall** (Sallstr. 79) mit ihren rot-weiß gestreiften Markisen. Guter Kaffee, guter Service und ein Frühstücksangebot, das bis weit über die Grenzen der Südstadt hinaus bekannt ist. www.lasall.de

s. auch „Sonntage", S. 147

Das **Lohengrin** (Sedanstr. 35) übersiehst Du beim Vorbeilaufen vielleicht zuerst, aber das wäre fatal, denn hinter der etwas biederen Fassade versteckt sich ein traditionsreiches Café und Restaurant, das erfolgreich Kultur und Genuss verbindet. Das Interieur wirkt vielleicht ein wenig altbacken und angestaubt, aber das Publikum, das hier aus und ein geht, reicht von langhaarigen Musikern über gemütliche Opas bis hin zu hippen Studenten. Ob das Lohengrin-Theaterensemble ein Hannover-Musical aufführt, Lesungen veranstaltet oder Jamsessions präsentiert, hier ist eigentlich immer etwas los. Ach ja, und der Kaffee ist natürlich auch gut. www.cafelohengrin.de

Einer der schönsten Plätze in der List ist der Wedekindplatz. Hier findest Du gleich zwei erstklassige Adressen zum Ausspannen, Freunde treffen und Kaffeetrinken. Das **Lulu** (In der Steinriede 12) besticht durch die gemütliche Einrichtung inklusive Sofas zum Reinflätzen, einen günstigen und sehr guten Mittagstisch sowie die außergewöhnlich freundliche Bedienung. Außerdem sollte man unbedingt die Trinkschokoladen probieren, zum Beispiel weiße Schokolade mit Irish Cream oder dunkle Schokolade mit Macadamia-Aroma. www.cafe-lulu.com

Hannover
endlich

Hannover

ndlich

endlich

Gleich gegenüber findest Du das **Carrots and Coffee** (Wedekind-platz 1). Während Sojadrink als Alternative zur Kuhmilch mittler-weile in den meisten Cafés zum Standard gehört, kannst Du im C&C Deinen Kaffee auch wahlweise mit Hafer-, Reis-, Dinkel-, Sojava-nille- oder natürlich mit lactosefreier Milch bekommen. Und war-um nicht mal etwas Ungewöhnliches ausprobieren, wie den Kaffee-mint mit Pfefferminzöl oder den Kaffee nach den fünf Elementen mit Orangenblüte, Süßholzwurzel, Kardamom und Kristallsalz? Hier ist alles bio und vegetarisch, das meiste sogar vegan und es wird gezeigt, dass Kuchen und Speisen ohne tierische Zutaten durchaus sehr lecker sein können.

Das Ganze hat allerdings seinen Preis und Du wirst möglicherweise auch ein paar Einladungen bekommen, mal wieder Dein Chakra zu reinigen … www.carrotsandcoffee.com

Kaffee zum Mitnehmen

Manchmal muss es einfach schnell gehen – auf Deine Kaffee-Infu-sion brauchst Du trotzdem nicht unbedingt zu verzichten, schließ-lich gibt es diese wunderbare Erfindung, die sich „Kaffee zum Mit-nehmen" oder „coffee to go" nennt.

Während sich auf der ganzen Welt eine wohlbekannte, grün-weiße Meerjungfrau ausbreitet und für Dutzende Kaffeemixgetränke in Pappbechern steht, gibt in Hannover nach wie vor ein anderes Unternehmen den Ton an. Die **Balzac Coffee Company** hat vier Filialen in bester Lage in der Stadt (Ernst-August-Platz 3, Kar-marschstr. 43, Münzstr. 3-4, Limburgstr. 1).

Preise und Angebot ähneln denen des großen Konkurrenten, das ändert aber nichts an der hohen Qualität der Produkte und den freundlichen, jungen Mitarbeitern. Die Klassiker sind „Vanilla Latte" oder „Caramel Macchiato", aber weihnachtlich wird's mit dem „Apple Cinnamon Latte". Übersicht unter: www.balzaccoffee.com

Auch eine Kette, aber ebenfalls nicht zu verachten, ist **Bagel Brothers** (Lister Meile 50, Engelbosteler Damm 21), das neben verschiedenen Kaffeegetränken frisch belegte Bagels anbietet. Hier ist der Kaffee auch eher hochpreisig, kommt aber dafür wahlweise mit allerlei süßen Spielereien in Form von Sirup und Co. Im Sommer gibt's das Ganze natürlich auch in der „Freeze"-Version. www.bagelbrothers.de

Deutlich günstiger kommst Du bei der **Hanomacke** (Königsworther Platz 1) weg, dem Studentencafé und Treffpunkt, strategisch günstig gelegen am Campus der Juristen, Wirtschafts- und Sprachwissenschaftler.

Der Kaffee ist billig und trotzdem trinkbar, die Thekenkräfte sind Studenten, die ehrenamtlich arbeiten, und falls die Vorlesung mal ganz besonders schlimm war, kannst Du statt Kaffee auch gleich ein Bier nehmen. www.hanomacke.org

Röstereien

Manch einer behauptet, hier gäbe es den besten Kaffee Hannovers – ob das stimmt, solltest Du selbst überprüfen. Fakt ist, dass im **24grad** (Engelbosteler Damm 52) geröstet wird und dass der Kaffee aus fairem Handel stammt. Auf die Gefahr hin, von eingefleischten Kaffee-Experten als Banause betrachtet zu werden, darfst Du sogar einen stinknormalen Cappuccino bestellen und dazu einen hervorragenden Käsekuchen. Eingerichtet ist das kleine Café mit Möbeln aus den 50er und 60er Jahren. www.24grad.net

Hannover
endlich
ndlich

Hannover
endlich

Auch im **Camolini** (Lister Meile 29a und Niki-de-Saint-Phalle-Promenade 38) wird selbst geröstet und besonderes Augenmerk auf fairen Handel und gute Produktionsbedingungen gelegt.

Neben der Kaffeebar in der Lister Meile, von der aus man einen schönen Blick auf das Geschehen draußen hat, bietet der Laden auch fairen Schmuck, Möbelstücke und Kleidung zum Kauf an.

Im Sommer wird vor dem kleinen Geschäft eine Terrasse aufgebaut, auf der es sich gut stundenlang verweilen lässt. Die neu eröffnete Filiale auf der Niki-de-Saint-Phalle-Promenade ist kleiner. Hier ist kein Platz für Sitze und Hängematten, aber eine schöne Auswahl an Kaffee, Tee, Schokolade, Kerzen, Lederwaren und Keramik findest Du trotzdem. www.camolini.de

Mehr als Kaffee

Wenn Du nach all dem Kaffee jetzt so richtig Lust auf ein anderes leckeres Heißgetränk hast, dann schau doch mal im **Teestübchen** (Ballhofplatz 2) vorbei.

Gemütlicher als in den geblümten Polsterecken geht es kaum und der Ballhofplatz ist wahrscheinlich der lauschigste Platz in der ganzen Stadt. Neben einer riesigen Auswahl an Teesorten sind besonders die selbst gemachten Fruchtschorlen zu empfehlen. www.teestuebchen-hannover.de

Auch bei **Emma** (Lister Meile 69) gibt es über 60 bio-zertifizierte Teespezialitäten und außerdem leckeren Kuchen. Die Gasträume „Indien", „Japan" und „Marokko" sind liebevoll mit viel Holz und farbenprächtigem Wandschmuck eingerichtet und laden zum Entspannen ein. Auch die Scones zum Frühstück sind sehr zu empfehlen. www.emma-tea.de

Unumgänglich in Hannover ist die **Holländische Kakaostube** (Ständehausstr. 2-3) mitten in der Innenstadt. Obwohl es auch Kaffee gibt, muss man natürlich „Suikelate" (eigentlich „chokolade") trinken und eine der gigantischen Sahnetorten oder warmen Apfelstrudel dazu essen. Von der klassischen Kakaovariante bis zum Schokolade-Kokos-Traum kannst Du Dir hier einige kalorienreiche Köstlichkeiten zubereiten lassen – und das gediegene Ambiente inklusive Delfter Kacheln genießen. Aus der hauseigenen Konditorei kannst Du auch ein paar Pralinen oder den berühmten Baumkuchen mitnehmen. www.hollaendische-kakao-stube.de

Wein

Die Gegend um Hannover ist bekanntermaßen flach wie ein Pfannkuchen, die Weinkultur kann hier daher nicht so ausgeprägt sein, wie anderswo in Deutschland. Trotzdem gibt es ein paar Orte, wo Du den edlen Rebensaft in seiner reinsten Form genießen kannst.

Weinhandel

Wenn der Abend fortschreitet, kann es sein, dass Dir der Sinn nach ein, zwei Gläsern Wein steht. Um Dich für ein geselliges Zusam-

Hannover endlich

Hannover

ndlich

endlich

mensein zu Hause auszurüsten, liegt **Jacques' Wein Depot** als erste Adresse nahe, denn davon gibt es in Hannover ganze sechs Filialen (Podbielskistr. 24, Vahrenwalder Str. 199, Kopernikusstr. 6, Marienstr. 9, Jädekamp 15 und Brabeckstr. 169). Hier findest Du Wein und Sekt in allen Preisklassen und zu jedem Anlass. www.jacques.de   --> Hannover

Das **Weinhaus Rehwinkel** (Lister Meile 65) ist unter Weinkennern beliebt und das nicht ohne Grund. Außer den vielen guten Weinsorten bietet es Single Malts, feinstes Olivenöl und köstliche Schokolade. Und auf dem Weihnachtsmarkt gibt's Jahr für Jahr tollen Glühwein von Rehwinkel!

Eine große Auswahl und eine gute Lage bietet der **Mövenpick Weinkeller** (Podbielskistr. 168) an der Bahnhaltestelle Pelikanstraße. Neben dem Verkauf von Wein werden regelmäßig Weinverkostungen oder Veranstaltungen wie „Wein und Schokolade" oder „Wein und Käse" durchgeführt. www.moevenpick-wein.de

--> Standorte --> Weinkeller Hannove

Weinbars

Natürlich trinkt man in Hannover auch außerhalb der eigenen vier Wände mal ein Glas Wein – oder ein paar mehr. Da ist dann nicht nur entscheidend, wie gut die Weinkarte ist, sondern auch, ob das Ambiente stimmt. Hier passt beides:

Zum Beispiel in der **Weinbar gegenüber** (Marktstr. 41), die für sich beansprucht, die größte Weinauswahl in der ganzen Stadt zu haben. Selbst, wenn das nicht stimmen sollte, ist für einen feuchtfröhlichen Abend in bester Gesellschaft jedenfalls gesorgt. www.philip-lutz.de

Frau Weiß (Lichtenbergplatz 2a) hat es sich in ihrer kleinen **Weinundlachbar** zur Aufgabe gemacht, Weine aus biologisch kontrolliertem und fair-trade-zertifiziertem Anbau zu servieren. Außerdem

organisiert sie interessante Veranstaltungen, wie z.B. das Schaumweinfrühstück für Langschläfer am Sonntag von 13.00 bis 15.30 Uhr. Weil die guten Tropfen begehrt sind, solltest Du Dich für Sonderveranstaltungen unbedingt vorher anmelden.
www.weinundlachbar.de

Cocktails

Zum Wochenende gehört das Ausgehen und zum Ausgehen gehört traditionell auch das gemeinsame Vorglühen. Die besten Cocktailbars in Hannover findest Du im folgenden Abschnitt.

Wenn Dir eine gewisse Lautstärke nichts ausmacht und Leute unter 30 genau die richtige Gesellschaft für Dich sind, kannst Du im **Heaven** (Weißekreuzstr. 25) gut und sehr günstig Cocktails trinken. Freitags und samstags tummeln sich hier allerdings so viele Menschen, dass Du ohne Reservierung wahrscheinlich keinen Platz mehr bekommst. Im Sommer ist es dann aber ein echter Genuss, sich mit einem Cocktail to go auf die Wiese am Weißekreuzplatz zu lümmeln. www.heavencocktailbar.de

Auch im **Enchilada** (Knochenhauerstr. 36) in der Altstadt ist am Wochenende meistens die Hölle los. Hier triffst Du eher bunt gemischtes Publikum. Von 17.00 bis 20.00 Uhr kosten alle Cocktails nur 4,20 Euro. Dazu gibt es leckere mexikanische Kleinigkeiten zu essen. www.enchilada.de --> Standorte --> Hannover

Gönn Dir doch mal eine **Auszeit** (Friesenstr. 15) in der Oststadt mit cooler, elektronischer Musik und leckeren Cocktails. Das Ganze in der asiatisch angehauchten Lounge mit ihren schweren Vorhängen oder bei gutem Wetter auch draußen im kleinen Außenbereich. www.auszeit-hannover.de

Im **Falkners** (Ferdinand-Wallbrecht-Str. 6-8) in der List gibt's zwischen 18.00 und 21.00 Uhr Cocktails und Longdrinks für 5,50 Euro. Im Sommer steht man draußen vor der Tür zum Rauchen, Quatschen und Cocktails schlürfen. www.falkners-hannover.de

Bier

Der Gerstensaft spielt natürlich auch in Hannover eine zentrale Rolle. Hier kann man immerhin einige regionale Sorten probieren und auch sonst ein leckeres, kühles Bier an schönen Orten drinnen und draußen zu sich nehmen.

Brauerei

Die **Herrenhäuser Brauerei** (Herrenhäuser Str. 83-99) ist in Hannover ansässig und bietet dem echten Bierfreund eine Führung samt Verkostung. Aus der Brauerei stammt das bekannteste Bier der Region, das die Hannoveraner liebevoll „Herri" nennen. Infos gibt's unter www.herrenhaeuser.de

Die größte Kneipe der Stadt ist wohl das **Brauhaus Ernst August** (Schmiedestr. 13) mit eigener Privatbrauerei. Neben Bier in allen

möglichen Sorten und Varianten gibt es auch deftiges Essen, Shows mit Unterhaltungsprogramm und Livemusik. Der besondere Clou: Wenn Du eine größere Party veranstaltest, kannst Du Dein eigenes Bier brauen lassen. Die Mindestabnahme beträgt allerdings 1000 Liter ... www.brauhaus.net

Andere regionale Biere sind das Lindener Spezial und das Gilde Pilsener, beide aus der **Gilde Brauerei AG** (Hildesheimer Str. 132), die heute zur größten Brauereigruppe der Welt, Anheuser-Busch InBev, gehört. www.ab-inbev.de

Und zuletzt hätten wir in der Region da noch die etwas anderen Biere aus der **Schaumburger Brauerei** (St. Annen 11, Stadthagen), wie z.B. „Schwarzer Ritter", das Bier mit dem dunklen Geheimnis. www.schaumburger.com

Biergärten

Im Sommer wird das kühle Blonde logischerweise im Biergarten genossen. Das ist doch auch das, worauf man den ganzen Winter gewartet hat, oder? Unter schönen Bäumen mit netten Leuten ein Bierchen trinken und sich des (Sommer-)Lebens freuen. Es ist so weit! Hier die besten Adressen der Stadt:

Am Schützenplatz und wunderschön unter alten Bäumen gelegen findest Du den **Waterloo Biergarten** (Waterloostr. 1), der im Winter auch geöffnet hat und zwar zu den Heimspielen von 96. Noch schöner ist es natürlich im Sommer oder Herbst, beispielsweise nach dem Besuch des Schützenfestes. Mit 1500 Plätzen ist er Hannovers größter Biergarten. www.waterloo-biergarten.de

Etwas kleiner, aber nicht weniger nett ist der **Uni Biergarten** (Wilhelm-Busch-Str. 2/Königsworther Platz). Moderate Preise und Public Viewing im Sommer runden das Angebot ab. Neben Studenten trifft man hier auch viele Familien aus Herrenhausen und den umliegenden Vierteln. www.unibiergarten.de

Direkt am Wald Eilenriede gelegen und somit einer der schönsten in Hannover ist der **Biergarten Lister Turm** (Walderseestr. 100). Hier solltest Du vorbeischauen, wenn Du gerade im Zoo warst oder nach einer Inlinerfahrt durch Hannovers Stadtwald. Berliner Weiße trinken ist übrigens Pflicht!
www.lister-turm-biergarten-hannover.de

Kein Biergarten im eigentlichen Sinne, aber absolut unvergleichlich ist das **Strandleben** (Weddigenufer 29) am Ufer der Ihme, denn es bringt dieses Meergefühl mitten in die graue Stadt. Ab April kannst Du hier Dein Bier wahlweise im Sand sitzend oder im Liegestuhl genießen, während hinter der Silhouette des Ihme-Zentrums die Sonne versinkt. www.spandau-projekt.de --> Strandleben

s. auch „Es ist Sommer!", S. 113

Ebenfalls sehr idyllisch, aber ein bisschen weiter außerhalb liegt der **Wülfeler Biergarten** (Hildesheimer Str. 380). Wenn Du gerne Fleisch isst, müsste Dir auch das herzhafte Speisenangebot hier wirklich gut gefallen.
www.wuelfeler-biergarten.de

Kneipen

Für die Liebhaber überdachter Biertheken hat Hannover auch ein paar gemütliche Kneipen zu bieten. In der Nordstadt ist da zum Beispiel zuallererst die **Destille** (Im Moore 3) zu nennen. In der

urigen Traditionskneipe gibt es sogar ausgefalleneres wie Staropramen Dark oder Bierbowle vom Fass und bis 3.00 Uhr früh warme Küche. Auf den Tisch kommen deftige Speisen und Klassiker vom Bauernfrühstück bis zu lecker Pfannkuchen mit Nutella.
www.destille-hannover.de

Die Ständige Vertretung (Friedrichswall 10) ist die selbst ernannte rheinländische Botschaft in Hannover und wartet mit Kölsch und kölschen Lebensweisheiten auf – doch auch Nicht-Kölner sind herzlich willkommen bei den rheinischen Frohnaturen.
www.staev-hannover.de

Rundum gemütlich in einem alten Fachwerkhaus untergebracht und wunderschön in der Altstadt gelegen ist die **Schateke** (Kramerstr. 11), in der man zudem noch sehr gut und günstig herzhafte Kleinigkeiten essen kann. Für besonders Durstige gibt es die Bierpakete – 1 Meter Pils oder Alt plus verschiedene Schnäpse zur Auswahl. www.schateke.de

Die **Kleine Freiheit** (Asternstr. 42) ist eine Studentenkneipe mit günstigem Essen, großer Bierauswahl und einer eigenwilligen Ausstattung, die, ganz dem Namen entsprechend, nur ihren eigenen Regeln folgt. Ein besonderer Tipp ist das Bier aus der Brauerei Rupp in Lauenau am Deister.

Falls Du in der Südstadt unterwegs bist, musst Du im **Kalabusch** (Sallstr. 49) einkehren, denn diese ehrliche Kneipe ohne neumodischen Firlefanz ist einen unaufgeregten Besuch wert. Auch Fußballgucken macht hier immer Spaß, allerdings solltest Du rechtzeitig da

sein, weil es ziemlich voll werden kann, wenn unsere Roten auf dem Platz stehen. www.kalabusch.de

Zum längeren Verweilen lädt die **Fiedel** (Jakobistr. 51) in der List ein, denn hier kannst Du zu Deinem frischgezapften Bier in geselliger Runde auch Karten- oder Würfelspiele spielen, Dein Glück am Billardtisch versuchen oder die aushängenden Bilder lokaler Künstler betrachten. Wenn Du dann irgendwann hungrig wirst, bietet sich eines der günstigen, herzhaften Baguettes an oder eine der vielen Auflaufvarianten als wahlweise kleine oder große Portion. Im Sommer sitzt Du am besten auf der kleinen Terrasse und lässt so den Abend ausklingen. www.fiedel-hannover.de

Pubs

In Hannover gibt es ebenfalls eine große Auswahl an Irish Pubs, in denen Du das traditionelle dunkle Bier, Ale oder Lager bekommen kannst. Das **Dublin Inn** (Am Markte 13) liegt an der Marktkirche und eignet sich zum Beispiel, um hinterher in den Ballhof weiterzuziehen.

Sehr traditionell geht es auch im **The Irish Pub** (Brüderstr. 4) zu, wo Du auf Englisch angesprochen wirst. Hier gibt es neben Guinness zum Beispiel auch das leckere Murphy's. Zur musikalischen Untermalung treten irische oder englische Folkmusiker auf.
www.irishpub-hannover.de

The **Irish Harp** (Schwarzer Bär 1) in Linden ist bekannt für das montagabends stattfindende Pub Quiz, außerdem solltest Du unbedingt einen kühlen Cider probieren, falls Dir das irische Bier zu herb ist.
www.the-irish-harp-hannover.de

Eine Alternative für alle, die dem Union Jack ihre Treue geschworen haben, ist das **Jack the Ripper's** (Georgstr. 26) in der Innenstadt, direkt am Kröpcke. Hier sollst Du Dich fühlen, wie im London des 19. Jahrhunderts. Die mit Phantasie zusammengestellte Einrichtung hilft sehr dabei. Und dass Du hier mit acht internationalen Biersorten anstoßen kannst, soll auch kein Geheimnis bleiben. Zum Bier kannst Du dann natürlich Fish and Chips essen.
www.jacktherippers.de

Besonderes

Wenn Dir absolut nichts peinlich ist und Du einen Junggesellenabschied oder eine Betriebsfeier für gleichgesinnte Freunde planst, solltest Du das Mieten eines **Bierbikes** in Erwägung ziehen. Mit diesem Gefährt, das einer Theke auf Rädern ähnelt, könnt ihr dann trinkenderweise durch Hannovers Innenstadt radeln und auch den Rest der Bevölkerung an eurem Spaß teilhaben lassen. Also nichts wie los und in die Pedale getreten! www.teambike.de

s. auch „Von A nach B", S. 56

Hannover
endlich
Hannover
endlich
endlich

Grillen
Biergarten
Biergarten

Badesee
Badesee
Badesee
Eis
Grillen

Sommer!

Es ist
Sommer!

Sommer! *endlich*

Kicken

Kicken

Grillen. Grillen

li Badesee Grillen Grillen Grille

Badesee **Biergarten** Grillen Grille

Biergarten *endlich*

Biergarten

Grillen

Baden

Sonne

Eis

Kicken

„... Sommerzeit, Zeit der Freude, denn sonnige Vibes machen fröhliche Leude ..." singt der Hannoveraner Reggaemusiker Benjie über die beste Zeit des Jahres. Ja, der Sommer ist jedermanns Freund.

Jeder möchte gerne ein Date mit der attraktivsten Jahreszeit, auch wenn die oftmals leider nicht viel Zeit hat. Du solltest dem Sommer also schon etwas bieten und mit ihm ein paar schöne Dinge erleben, bevor ihr wieder eine Fernbeziehung führen müsst. Der Klassiker für für die erste Verabredung ist da immer noch noch das Eis essen gehen.

Eis, Eis, Baby!

Wenn Du mit dem Sommer in der Innenstadt unterwegs bist und die Kröpcke-Uhr ein zermürbend heißes High Noon schlägt, kannst Du Dir gleich gegenüber bei **Giovanni L.** (Georgstr. 26 und Eisexpress in der Georgstr. 23) Linderung verschaffen und Dir ein paar Kugeln einfangen. Nicht aus Blei, aber dafür lecker und außergewöhnlich sind die zahlreichen Eissorten – alle hausgemacht und es kommen immer wieder neue dazu. Auch Eistüten macht dieser Herr L. selbst. Falls es Dir draußen zu warm ist, nimm den Sommer auf einen versöhnlichen Eisbecher mit rein, Platz hat der dreistöckige Laden mit Loungetouch genug. www.giovannil.de

--> Standorte --> Hannover

In der Nord- und Südstadt befinden sich Filialen von **Eis 2000** (Engelbosteler Damm 34, Hildesheimer Str. 77, Marienstr. 66). Hier kannst Du den Sommer mit hinnehmen, wenn ein Eis auf die Faust reicht. Lecker ist es trotzdem!

Auch auf die Hand gibt es ein normal großes und gut schmeckendes Eis aus dem Sortiment von **Da Beppo** (Deisterstr. 11).

Falls Du einen etwas extravaganten Sommer zum Eis einladen willst, besuch mit ihm die **bohne** (Limmerstr. 56). Hier findest Du ziemlich schrille Geschmackskombis. Die Einrichtung ist chic und trotzdem gemütlich und falls das Eis nicht reicht, kannst Du euch auch was Ungefrorenes wie z.B. gefüllte Teigtaschen oder Fingerfood bestellen. www.bohne-hannover.de

Klein, aber fein ist die selbst ernannte „Eismanufaktur" **Frioli** (Stephanusstr. 8). Die Sorten sind vegan und bio, falls der Sommer auch darauf Wert legt. www.frioli.de

Die vollständige Bezeichnung des hübschen Ladens **ohlala** (Königstr. 30) lautet „ohlala. bio. saft. und frozen yogurt." Und diese verrät bereits, was Dich hier erwartet – neben Gefrorenem gibt es Säfte oder auch Waffeln am Stiel. Ein richtig schöner Saftladen! www.ohlalaswelt.de

WetWetWet!

Die Zunge ist nun on the rocks, der Rest möchte aber auch ein wenig Abkühlung abbekommen? Date-mit-dem-Sommer-Klassiker Nummer zwei hat natürlich mit dem kühlen Nass zu tun: 0511 – echt hannöversch Wasser!

Grillen

Sonne Baden

Eis

Kicken

Maschsee

Egal, wie nahe Du dem Wasser kommen möchtest, der Maschsee eignet sich auf jeden Fall. Wenn Du nur ans Wasser möchtest, kannst Du Dir ein lauschiges Uferplätzchen suchen, willst Du auf das Wasser, findest Du am Nordufer einen Bootsverleih der **Yacht-schule Hannover** (Rudolf-von-Bennigsen-Ufer 51), wo Du Dir ein Tretboot, Ruderboot oder Paddelboot leihen oder gleich einen Segelkurs belegen kannst. www.yachtschule-hannover.de

Falls Du eher gemütlich drauf bist, darfst Du Dich auch fahren lassen, und zwar mit einem der vier Schiffe, die zwischen Nord- und Südufer pendeln. Besonders die solarbetriebene Version ist dabei ein echter Blickfang.

Wenn Du nun sowieso schon am Südufer sein solltest, kannst Du Dich auch ins Wasser wagen. Hier befindet sich das **Strandbad Maschsee** direkt neben dem Restaurant **Die Insel** (Rudolf-von-Bennigsen-Ufer 81), das gehobene Küche und einen tollen Ausblick bietet, und dem Wellness-Etablissement **Aspria** (Rudolf-von-Bennigsen-Ufer 83). www.das-strandbad.de www.dieinsel.com www.aspria-hannover.de

Seit über 70 Jahren kann man am Maschsee baden gehen. Auch wenn das Wasser nicht jedermann gefällt, ist der Badebereich zumindest karpfenfrei und der Ausblick auf das Nordufer auch nicht zu verachten.

Freibäder

Hainhölzer Naturbad (Voltmerstr. 56): Wenn Du einfach ins Wasser möchtest und dabei auch gut auf eine ordentliche Dosis Chlor verzichten kannst, dann geh ins Naturbad in Hainholz. Allerdings wird das Wasser auch nicht beheizt. www.naturbad-hainholz.de

Annabad (Haubergstr. 17): Das im Hermann-Löns-Park gelegene und 1937 eröffnete Annabad (oder auch Kleefelder Bad) hat schon einige Jahre auf dem Buckel. Zwischen 1945 und 1954 durften dort nur Engländer baden. Die Kleefelder kletterten aber über den Zaun.

Heutzutage kannst Du hier im Sommer ganz ohne Probleme baden gehen. In der offiziellen Beschreibung des Bades findet man als Besonderheit, dass man hier „auch abseits des Beckenrandes cool flirten üben" kann. Am besten, Du überzeugst Dich direkt vor Ort von der Richtigkeit dieses Statements. www.annabad.de

Lister Bad (Am Lister Bad 1): Das in Vahrenheide gelegene Lister Bad ist ebenfalls ein Urgestein, oder besser Urgewässer, in Hannovers Freibadlandschaft. Auf die Bahn mit Einschwimmkanal hat man vom 3-, 5-, 7,50- oder sogar 10-Meter-Turm sicher eine ganz gute Aussicht. www.hannover.de

--> Feizeit&Sport --> Bäderführer für die Region Hannover
--> Freibäder --> Lister Bad

Sonne **Grillen** Baden

Eis

Kicken

RSV Bad Leinhausen (Elbestr. 39): Das selbst für Hannoveraner relativ unbekannte Bad ist ein ehemaliger Feuerlöschteich, bringt aber alles mit, was ein schnörkelloses Freibad braucht. Vom beheizten Schwimmer- und Nichtschwimmerbecken über die Liegewiese und den Kinderbereich bis hin zu Dusche und Kiosk.

www.rsv-hannover-schwimmen.de

Aegir Bad Ricklingen (Kneippweg 25): Das Aegir Bad, oder einfach Ricklinger Bad, liegt praktischerweise an den Ricklinger Kiesteichen und gewährt auch Zugang zu einem derselben. Eine echte Mutprobe für die meisten ist der 5-Meter-Turm, von dem man sich in die Tiefe stürzen kann. www.svaegir09.de

Misburger Bad (Ludwig-Jahn-Str. 1): Das Misburger Bad wird nicht von der Stadt betrieben, sondern vom „Optisport Health Club". Hier gibt's nicht nur ein Hallen- und Freibad, sondern auch eine Saunalandschaft und Fitnesskurse. Du musst aber kein Mitglied sein, um schwimmen gehen zu können. www.optisporthealthclub.de

--> Misburger Bad

Volksbad Limmer (Stockhardtweg 6): Das so genannte Volksbad in Limmer ist nett im Grünen gelegen und ohne großen Schnickschnack. Es öffnete 1925 seine Pforten und repräsentiert einen echten Freibadklassiker. Als Besonderheit befindet sich nebenan ein Fußballplatz. www.volksbad-limmer.de

Baden in freier Wildbahn

Limmer Schleuse (rund um die Brücke am Eichenbrink): Auch in Limmer, aber eigentlich kein Schwimmbad ist die Limmer Schleuse,

welche die Verbindung von Lindener Hafen und Mittellandkanal bildet. Wenn es Dich nicht stört, dass hier ab und zu ein Schiff fährt und die Grünstreifen am Rand und das Wasser nicht immer sehr sauber wirken, kannst Du hier ein paar Bahnen schwimmen.

Ebenfalls „Limmer Schleuse" heißt die Schleuse an der so genannten „Wasserkunst" (Harenberger Str. 47). Sie wurde seinerzeit vom Keks-Namensgeber Gottfried Wilhelm Leibniz entwickelt und sorgte einst für die Wasserversorgung der Wasserspiele im Großen Garten in Herrenhausen. Und auch diese Ecke ist mindestens einen Sommerspaziergang wert.

Altwarmbüchener See: Zu drei Vierteln liegt der Altwarmbüchener See in Hannover, der Rest des etwa 48 ha großen, künstlich angelegten Sees gehört zu Isernhagen. Hier kannst Du – insbesondere am Nordufer, wo die DLRG aufpasst – an Sandstränden baden.

Darüber hinaus bietet das Gewässer aber auch andere maritime Freizeitaktivitäten, wie z.B. Surf- oder Segelkurse. Du stehst auf nahtlose Bräune? Freikörperkultur gibt's hier auch.

Hannover
endlich

Hannover

endlich

ndlich

Sonne **Grillen** **Baden**
Eis
Kicken

Steinhuder Meer: So gar nicht mehr in Hannover ist das Steinhuder Meer. Der ca. 30 km entfernte und mit 29 qm größte See Nordwestdeutschlands ist aber sicher ein lohnenswertes Ausflugsziel, falls Du und der Sommer schon so weit seid, einen gemeinsamen Tagesausflug zu wagen. Das Gewässer gehört zum Naturpark Steinhuder Meer. Auf 8 km Länge und 4,5 km Breite kannst Du hier nicht nur beim Surfen und Segeln, sondern auch beim Plantschen richtige Urlaubsgefühle entwickeln. www.naturpark-steinhuder-meer.de

Blauer See (Am Blauen See 119): Ebenso außerhalb von Hannover findest Du den vergleichsweise kleinen Blauen See im 16 km entfernten Garbsen. Der Blaue See ist nicht nur ein Badesee mit 600 m langem Sandstrand, hier kannst Du auch campen, golfen oder einen Grillplatz mieten. Außerdem verfügt das Gewässer über eine Wakeboard- bzw. Wasserskianlage. Alle Infos rund um den Blauen See findest Du unter: www.camping-blauer-see.de

Wasserski

Wasserskiclub Hannover (In den Kämpen 55): Eine weitere Möglichkeit, sich in Hannover auf dem Wasser zu bewegen, ist via Wasserski. Auf der Leine befindet sich eins der angeblich besten Wasserskireviere des Landes. Mehr Infos gibt's hier:
www.wasserski-hannover.de

Paddeln

Ein bisschen langsamer, aber auch maritim kannst Du Dich paddelnd quer durch die Stadt fortbewegen. Auf unterschiedlichen Touren lässt sich Hannover von der Leine aus erkunden. Anbieter gibt es mehrere – Informationen findest Du z.B. unter:
www.paddeltouren.de   www.kanuverleih-hannover.de

Stadt-Strände

Wenn Du zwar Sand unter den Füßen magst, aber dafür keine Badesachen einpacken und allzu große Entfernungen zurücklegen möchtest, dann findest Du auch mitten in der Stadt Möglichkeiten, die heißen Tage zu genießen:

Roof Garden (Mehlstr. 2): Auf dem Dach des Parkhauses kannst die Füße in den Sand strecken und Dich wie am Strand fühlen. Loungebereich und Mittagstisch gibt's außerdem. www.roof-garden.de

Schöne Aussichten 360° (Röselerstr. 7): Ebenfalls auf dem Dach eines Parkhauses, nämlich dem in der Röselerstraße, wartet der „Beachclub" mit einem ähnlichen Konzept auf.

Strandleben (Weddigenufer 29): Am Wasser, um genau zu sein auf der Fährmannsinsel, liegt das Strandleben an der Stelle, an der die Ihme in die Leine fließt und einen Zipfel Land umschließt. Es handelt sich zwar um keine echte Insel, aber bei kleinen Snacks und kühlen Getränken schöne Sonnenuntergänge erleben, macht hier großen Spaß. www.spandauprojekt.de   --> Strandleben

S. „Durst?", S. 100

Grillen

Nach Schwimmen, Paddeln und Wasserski meldet sich ganz bestimmt Dein Appetit. Und wenn der Sommer schon zu Besuch ist, solltest Du die Gelegenheit dazu nutzen, ein paar leckere Sachen

Sonne **Grillen** **Baden**
Eis
Kicken

auf den Grill zu werfen. Steaks, Würstchen, Tofu und nette Gesellschaft hast Du schon? Dann fehlt eigentlich nur noch der geeigne-
te Platz.

Fährmannsinsel: Auf diesem Fleck am Ufer der Ihme bzw. Leine
sind nicht nur viel Sand und das Strandleben zu finden. Bei guten
Wetter wird's hier meistens richtig voll, trotzdem findest Du immer
noch ein bisschen Platz, um den eigenen Grill aufzubauen. Da es
sich quasi um den Knotenpunkt zwischen Linden und der Nordstadt
handelt, kommen viele Leute vorbei. Wenn Dir der Trubel hier zu
groß ist, bieten Dir auch die Wiesen weiter am Flussufer entlang
viele schöne und auch ruhigere Plätze, um eine Draußen-Mahlzeit
einzunehmen.

Herrenhäuser Gärten (Herrenhäuser Str. 4): Der Große Garten,
einer der wichtigsten Barockgärten Europas, und der Berggarten,
wo inzwischen ein Sea Life Aquarium inklusive tropischer Pflanzen
steht, sind Bestandteile der Herrenhäuser Gärten. Diese beiden Teile kosten aber Eintritt und eignen sich also nicht so besonders als
Outdoor-Esszimmer.

Freien Zutritt hast Du hingegen zum Welfengarten direkt hinter
dem Welfenschloss und dem Georgengarten, der praktisch gegenüber liegt. In dem nach dem Vorbild englischer Gärten gestalteten

Park findest Du viele schöne Stellen, die dich ganz schnell vergessen lassen, dass Du keinen eigenen Garten für den Grillabend
zur Verfügung hast. In beiden
Parks hast Du wahlweise Plätze
im Schatten oder am Wasser mit
viel oder wenig Trubel, an denen
Du das mitgebrachte Grillgut
zubereiten kannst.

© Raphael Rohe (www.rohe-design.de) / pixelio.de

Glocksee-Wiesen (Peter-Fechter-Ufer): Aufgrund einer nicht unumstrittenen Altlastensanierung und einer Hochwasserschutzmaßnahme der Stadt wurden jüngst die Grünflächen auf dem Gelände des einstigen Gaswerks Glocksee rund um das heutige gleichnamige Veranstaltungszentrum erneuert.

Auch wenn viele Bäume ihr Leben lassen mussten, kannst Du ja mal schauen, wie Dir dieser Platz im Schatten des entzückenden 70er Jahre-Betonmonsters „Ihmezentrum" gefällt.

Picknicken

Eilenriede: Wenn Dir der Sommer zu heiß ist und Du ein kühles Plätzchen suchst, dann versuch es in Hannovers „Grüner Lunge", der Eilenriede. Hier findest Du mit etwa 640 ha Fläche einen der größten Stadtwälder Europas. Im Schatten der Bäume kannst Du ganz sicher eine Bank oder Liegewiese finden, die sich perfekt zum Picknickkorbauspacken eignet. Den Grill musst Du allerdings zu Hause lassen.

Maschpark: Im Maschpark, am Fuße des Neuen Rathauses, rund um den Maschteich (nicht zu verwechseln mit dem Maschsee in unmittelbarer Nähe) sind die Dimensionen etwas kleiner als in den Herrenhäuser Gärten, aber es ist nicht weniger schön. Auch hier kannst Du ein lauschiges Picknick machen. auch hier geht Grillen leider nicht.

Grillen

Sonne

Baden

Eis

Kicken

Sport auf dem Festland

Der Sommer und Du, ihr bekommt einfach nicht genug voneinander? Ihr seid wochenlang in der Hängematte gelegen und trotzdem herrscht immer noch eitel Sonnenschein? Wie wäre es dann mal mit etwas Bewegung?

Beachvolleyball ohne Wasseranschluss

Baggern im Sommer ist Dein Stichwort, weil Du dabei an Beachvolleyball denkst, als Freibadfeature reicht Dir das aber nicht? Dann wirst Du sicher beim Verein **GfL** fündig, der Kurse für alle Geschmäcker bietet. www.gfl-hannover.de --> Beach

Schönes für 11 Freunde

An der Jägerstraße/Ecke Wickopweg, am Rande des Georgengartens, findest Du einen **Bolzplatz**, der sehr nett gelegen ist. Unter der Schirmherrschaft von Oliver Korittke wurde dieser Sandplatz 2007 erneuert. Falls der Platz mal belegt sein sollte, kannst Du auch auf die Wiesen oder Parks in Hannover ausweichen. Hier findet sich bei gutem Wetter immer eine Truppe, bei der man mitkicken kann.

Bist Du männlich und fußballaffin, dann wird jetzt einfach mal davon ausgegangen, dass Du schnell Möglichkeiten finden wirst, Dich diesbezüglich auszutoben. Beim **Hochschulsport** werden Fußballerinnen aber genauso fündig, auch als Gast wenn Du nix mit der Uni am Hut hast.
www.hochschulsport-hannover.de

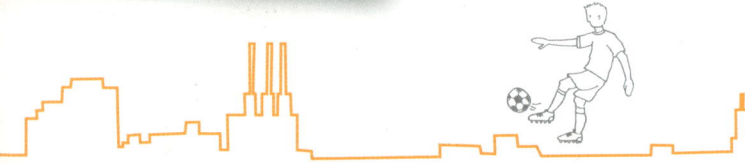

Die Alternative für fußballbegeisterte Damen, die mehr als Anfänger-Niveau suchen, gibt es auch: Falls Du Dich zu dieser Gruppe zählst und auch sonst unter Deinesgleichen spielen möchtest, ist der **SLS Leinebagger Hannover e.V.** vielleicht etwas für Dich.

Der schwul-lesbische Sportverein veranstaltet auch Turniere und bietet übrigens viele Sportangebote über Frauenfußball hinaus. www.leinebagger.de

Große und kleine Bälle

Fußball ist nicht so richtig Dein Ding, Du bist aber für Spiele mit Bällen ansonsten gerne zu haben? Auch in diesem Fall hat Dir Hannover was zu bieten.

Basketballkörbe findest Du an einigen Plätzen in der Stadt, z.B. in der Gartenallee oder an der Ritter-Brüning-Straße bei der Sporthalle Humboldtschule. **Tischtennisplatten** schmücken u.a. den Welfengarten oder das Ihme-Ufer an der Ecke Stärkestraße.

Klettern und Golfen

Dass die Eilenriede riesig ist, hast Du nun schon gelernt. Dass man da mehr unternehmen kann, als bei einem Picknick seine Tupperware zu leeren und seinen Magen zu füllen, kannst Du vielleicht erahnen. Hier ein paar Beispiele: Neben den obligatorischen Zu-Fuß-Waldaktivitäten in unterschiedlichem Tempo wie Joggen, Wandern oder Spazierengehen, kannst Du hier auch den Baumkundeweg oder den Waldlehrpfad begehen. Einen Hochseilgarten und eine Minigolfbahn sind auf dem Gelände auch zu finden.

Der Hochseilgarten gehört zum **Erlebnishof Waldkindertummel-platz**, kurz WAKITU (Hohenzollernstr. 57), wo Du kleinen Anhang auch zwischenparken kannst, wenn Du Dich in das nahe gelegene Waldcafé verdrücken willst. www.erlebnishof-wakitu.de www.seilgarten-hannover.de

Ein weiterer Hochseilgarten, der **Piraterock** (Landwehrdamm 11, Isernhagen) befindet sich etwas außerhalb von Hannover. Hier kannst Du Dich ein wenig wie Captain Jack Sparrow fühlen, denn Du darfst auf einem Piratenschiff an Seilen über Deck schwingen, auf Masten und in Netzen klettern und noch andere halsbrecheri-sche Dinge tun. Meutern gilt übrigens nicht! www.piraterock.de

Die **Minigolfanlage in der Eilenriede** (Hohenzollern-str. 49) ist schön schattig. Falls Dir hier zu wenig Sonne hinkommt: Die **Minigolfbahn am Georgengarten** (In der Steintormasch 5), eingerahmt von Park, Schrebergärten und Ausflugslokal und nur einen Steinwurf vom Wilhem-Busch-Museum entfernt, ist auch ein Spiel wert.

„Großes" Golf kannst Du auf rund 17 Plätzen in der Umgebung spielen. Wenn Du keine Platzreife besitzt, ist vielleicht **Swin Golf** im etwa 30 Kilometer entfernten Burgdorf auf dem Erlebnishof Lahmann etwas für Dich.

Bei Swin Golf benötigst Du nur einen Schläger, man spielt mit einem größeren Ball, der natürlich auch in größere Löchern ver-senkt werden muss. Du musst Dich hier finanziell und sportlich

nicht komplett verausgaben, um ein bisschen auf grünem Rasen zu spielen, die klassische Karohose kannst Du natürlich trotzdem tragen, wenn Du magst. www.erlebnishof-lahmann.de   --> Swin Golf

Frisbee-Golf

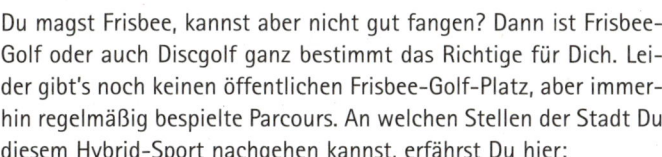

Du magst Frisbee, kannst aber nicht gut fangen? Dann ist Frisbee-Golf oder auch Discgolf ganz bestimmt das Richtige für Dich. Leider gibt's noch keinen öffentlichen Frisbee-Golf-Platz, aber immerhin regelmäßig bespielte Parcours. An welchen Stellen der Stadt Du diesem Hybrid-Sport nachgehen kannst, erfährst Du hier:

www.funaten.de   --> Disc Golf

Radeln

Am südwestlichen Rand der Stadt, etwa 14 km vom Stadtkern entfernt, an der namensgebenden Ortschaft Benthe, liegt der **Benther Berg**. Mit 173 m über dem Meeresspiegel ist er natürlich nicht gerade mit der Zugspitze vergleichbar, aber immerhin gibt es genug Bergaufs und Bergabs, so dass er mit seinen Singletrails – damit sind die schmalen Pfade gemeint, auf denen nicht mal zwei Menschen nebeneinander laufen können – bei Mountainbikern sehr beliebt ist. Ein bisschen Bildung kannst Du Dir hier ganz nebenbei auch noch verpassen: Auf dem Benther Berg befinden sich bronzezeitliche Hügelgräberfelder. www.benthe.org   --> Benther Berg

Wenn Du nicht so auf den Nervenkitzel in unwegsamem Gelände stehst, dann ist vielleicht die **Radrennbahn** (Wilkenburger Str. 16) im Stadtteil Wülfel etwas für Dich. Hier gibt es zwischen August und September Termine für jedermann. Zwar ist das Befahren nur mit Bahnrädern erlaubt, aber die kannst Du vor Ort ausleihen. Was Du sonst noch dazu benötigst und weitere hilfreiche Infos findest Du unter: www.radrennbahn-hannover.de

Grillen

Sonne

Baden

Eis

Kicken

Auf Rollen

Genau genommen handelt es sich bei der **Skate by night** um keine reine Sommeraktivität. Aber seien wir doch mal ehrlich: Wenn es warm ist, macht es doch am meisten Spaß, sich nächtens auf eigens zu diesem Zweck gesperrten Straßen auf Rollen fortzubewegen. Inlineskaten in der Nacht, ohne dabei frieren zu müssen! Falls das Rumrollern bisher nicht zu Deinen Hobbys gehört hat oder Du die Dinger bereits Deiner kleinen Cousine vermacht hast – zum Antesten kannst Du Dir zu diesem Anlass auch erst einmal ein Paar Skate-Schuhe vor Ort leihen. hannover.skatebynight.de

Skaten bedeutet für Dich, auf einem Brett zu stehen? Dann sind das vielleicht Deine neuen Lieblingsplätze in Hannover: Nicht nur auf der **Skateboardanlage am Welfenplatz** kannst Du Deine Kunststückchen üben, auch der Skatepark **2er** (Fössestr., hinter dem Real-Markt) bietet Dir viel Platz, um Dich auf Deinem Skateboard auszutoben. Fernab von direkten Anwohnern, findest Du hier eine Anlage, die in Eigeninitiative und mit viel Liebe vom „2er Skateboarding e.V." gestaltet worden ist. Alles zum Platz und Verein kannst Du hier erfahren: www.2erskate.de

Tierisch schnell

Du schaust beim Hochtemposport lieber zu? Und hast Dich vielleicht schon immer gefragt, warum die Leute in diesem speziellen Werbespot immer überdimensionierte Hüte und Chiffonschals tragen und Süßkram verputzen, während sie Tiere beim Sport beobachten? Du bist am richtigen Ort und in der richtigen Jahreszeit, um dasselbe zu tun.

Auf die **Pferderennbahn** (Theodor-Heuss-Str. 41) auf der neuen Bult kannst Du zwar auch ohne den Sommer gehen, aber bei steifer Brise oder Schneeregen fällt der Besuch deutlich weniger beschwingt aus. Also Hütchen auf, Wettlimit gesetzt und los! Infos zu (Sommer-)Terminen und Eintrittspreisen findest Du online unter: www.neuebult.de

Ganz oben

Du und der Sommer, was habt ihr nun alles zusammen erlebt! Ihr habt euch sportlich betätigt, euch an Eis und Grillwurst sattgegessen, gebadet und gefaulenzt. Bevor ihr euch nun langweilt und euch bei der Bratwurst über die falsch ausgedrückte Senftube in die Haare bekommt, solltet ihr euch einen neuen Kick verschaffen.

Besonders gut lässt sich das Adrenalin-Level in Hannover beim Segelflug oder der Fahrt mit dem Heißluftballon steigern. Was dazu außer Schwindelfreiheit und einer ordentlichen Portion Mut erforderlich ist, erfährst Du beispielsweise beim **Hannoverschen Aero-Club e.V.** (Märkischer Weg 48) oder beim **Ballonclub Hannover** (Hagenstr. 26). www.hannover-segelflug.net
www.ballonclub-hannover.de

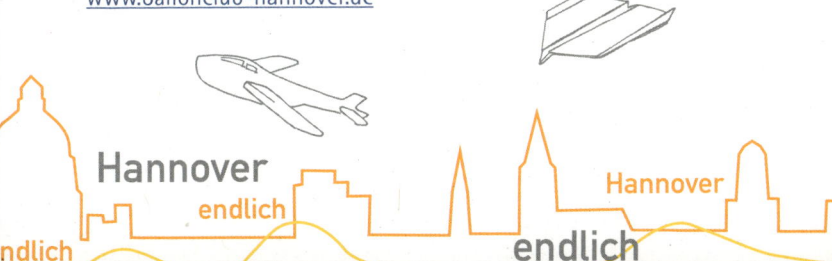

Hannover
endlich
endlich
Hannover
endlich

Schnee

Schnee
Schnee
Schnee
Schnee
Schnee

Schnee

Schnee

Schnee

Schnee

Schnee

Schnee

Winter in Hannover, das bedeutet meist nasskaltes, graues Wetter und ausdauerndes Warten auf Schnee. Fällt dann endlich mal welcher, sieht man überall die enttäuschten Gesichter der Kinder, die gerne mit ihren Schlitten mal einen richtig steilen Berg ausprobieren würden. Aber Hannover und die ganze Region sind Flachland – das lässt sich auch nicht mit dem Kronsberg oder dem nahegelegenen Harz schönreden. Mit ein bisschen Glück friert dann aber doch der Maschsee zu und lässt einen das Schlittenproblem ganz schnell vergessen. Und auch sonst hat Hannover in der kalten Jahreszeit einiges zu bieten, das den Winter durchaus erträglich macht.

Indoor-Winter

Du möchtest weder enttäuschte Kindergesichter noch Schneematsch sehen? Die Speckröllchen auf den Hüften oder die depressive Stimmung sorgen aber dafür, dass Du denkst, Dich dringend bewegen zu müssen? Kein Thema! In Hannover kannst Du jede Menge unternehmen, während laue Heizungsluft Deine Haut umschmeichelt oder wohltemperiertes Wasser Dich verwöhnt ...

Hallenbäder

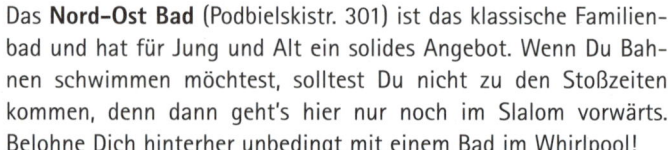

Das **Nord-Ost Bad** (Podbielskistr. 301) ist das klassische Familienbad und hat für Jung und Alt ein solides Angebot. Wenn Du Bahnen schwimmen möchtest, solltest Du nicht zu den Stoßzeiten kommen, denn dann geht's hier nur noch im Slalom vorwärts. Belohne Dich hinterher unbedingt mit einem Bad im Whirlpool!

Im **Stadionbad** (Robert-Enke-Str. 5) kommen Sportler im Trainingsbecken (50 m) und dem 10-Meter-Sprungturm richtig auf ihre Kosten. Dieses Bad hat zuvor kaum Attraktionen, ist aber durch seine große Glasfront besonders im Winter wirklich einladend und öffnet in der Woche so früh (Dienstag bis Freitag um 6.30 Uhr), dass man auch mal in Ruhe vor der Arbeit seine Bahnen ziehen kann.

Das **Vahrenwalder Bad** (Vahrenwalder Str. 100) lässt sich sehr bequem mit den Öffentlichen erreichen und bietet sogar einen Frauenbadetag an: Mittwochabend ist das Schwimmbad ausschließlich für weibliche Besucher geöffnet. Ansonsten ist es ein klassisches Bad mit 25-Meter-Schwimmbecken, Nichtschwimmerbecken und Saunabereich. Zu Kurszeiten ist es hier leider meistens sehr voll, am besten informierst Du Dich vorab über die Termine.

Zweimal jährlich findet in Hannover die **Lange Nacht der Bäder** statt, bei der sich verschiedene Schwimmbäder Hannovers und der Region an nächtlichen Attraktionen und Angeboten gegenseitig zu überbieten versuchen – ein Besuch lohnt sich!

Wellnessbäder/Thermen

Hannover und vor allem die Region drum herum bieten viele Wellnessbäder und Thermen zum Ausspannen und Saunieren, auch wenn man manchmal etwas weiter fahren muss.

Im **aquaLaatzium** (Hildesheimerstr. 118, Laatzen) sind die Lapplandsauna und die Außensaunalandschaft im Schwedenstil unbedingt einen Besuch wert! Angebote wie Feuerkaffee am Kamin, die Polarsauna und Events wie die Musiksauna oder die Saunaweltreise machen Relaxen hier zu einem besonderen Erlebnis. Bei der langen Nacht der Saunen, die mehrmals im Jahr stattfindet, kann man bis weit nach Mitternacht schwitzen und danach erschöpft ins Bett fallen. Das hauseigene Hamam und eine Vielzahl an Wellnessangeboten machen den Tag für Dich perfekt. www.aqualaatzium.de

Etwas exklusiver geht es im **Aspria** (Rudolf-von-Bennigsen-Ufer 83) direkt am Südufer des Maschsees zu. Es vereint Spa, Fitness und Schwimmbad unter einem Dach. Der „Club" bietet eine eigene Erdsauna (in die Erde eingelassene Urform der finnischen

Schnee   kalt
Eiskratzen   Sauna
brrr

Sauna), Personal Trainer und spezielle „Monats-Deals". Ohne Frage ist das Aspria eine Topadresse für Spa und Wellness – man sollte vorher nur wissen, dass sich dieses hippe Bad für besonderes Publikum auch in einem entsprechenden Preis niederschlägt.
www.aspria-hannover.de

Eine echte Therme hat die Region auch zu bieten: Die **Kristall-Therme** in Seelze (Grand-Couronne-Allee 1, ca. eine halbe Stunde Fahrt von Hannover) ist auf jeden Fall einen Tagesausflug an einem kalten Wintertag wert. Von den Saunaaufgüssen über das Natronbecken bis hin zum Außensolebecken gibt es hier fast alles. Wer textilfreies Baden nicht mag, sollte sich allerdings vorher über die entsprechenden Termine informieren. Auch dieses Bad hat einen hauseigenen Hamam und bietet verschiedenste Verwöhnpakete an.
www.kristalltherme-seelze.de

Ob plantschen, Bahnen schwimmen oder saunieren – Du siehst, die Auswahl ist groß. Noch mehr Infos, auch zu Bädern in der Region gibt es hier: www.hannover.de --> Kultur und Freizeit
--> Bäderführer für die Region Hannov

Sport im Trockenen

Genug relaxt! Schmalzkuchen und Glühwein gilt es abzutrainieren und hierfür hält Hannover einige wintertaugliche Sportmöglichkeiten bereit.

Bowling

Eine ruhige Kugel schieben kannst Du an zahlreichen Orten. Gut mit der Stadtbahn zu erreichen ist **Toms Bowling** (Hildesheimer Str. 410), das wöchentlich wechselnd ein buntes Programm anbietet, wie beispielsweise Studentenbowling. www.toms-bowling.de

Etwas zentraler liegt das **GSK Bowling** (Heuerstr. 3) am Maschsee. Die guten Bahnen locken viele Profis an und am Wochenende ist es

manchmal etwas voll, aber man kann (auch online) reservieren. Wenn Du nach dem Sieg richtig Hunger hast, solltest Du hier gleich was essen – die Portionen sind riesig! www.bowlingammaschsee.de

Billard

Du willst Sport und Trinken vereinen und dabei auch noch in Ruhe plaudern können? Dann bist Du im **Breakpoint Hannover** (Lister Kirchweg 86) gut aufgehoben. Das Ambiente ist zwar etwas verr(a)ucht, aber das Personal ausgesprochen nett und es wird noch richtig zünftig gezockt. www.breakpoint-hannover.de

Zentraler liegt **Piccoli's Roadhouse** (Nikolaistr. 2-4), dessen Keller auf 1000 qm unzählige Billard- und Snookertische, Dartscheiben und Tischkicker bereithält. Das Roadhouse sieht aus wie ein Saloon, und wenn Du Dir hier was zu Essen bestellst, wird es Dich nicht überraschen, dass die Portionen auch genauso üppig sind wie im Wilden Westen! www.piccolis-roadhouse.de

Tennis, Squash, Badminton

Wenn Du Dich beim Schmettern auspowern willst, dann schnapp Dir einen Partner und reservier einen Court im **Kaisercenter** (Fischerhof 1). Hier sind die Tennis-, Badminton- und Squashplätze in sehr gutem Zustand. Kegelbahnen gibt's übrigens auch.

Die eher gehobenen Preise (Feld zwischen 18 und 25 Euro pro Stunde, Studenten aber ermäßigt) werden durch Zusatzangebote wie Hobbyturniere, Rabattaktionen und eine Pinnwand zur Spielpartnersuche sowie das tolle Sonntagsangebot wettgemacht. Für nur 3,50 Euro mehr pro Person gibt es nach 60 Minuten Badminton oder Squash ein (Kater-)Frühstück obendrauf. Außerdem ist die Nutzung der Sportlersauna für alle Spieler im Preis inbegriffen! www.kaiser-center.de

--> Hannover

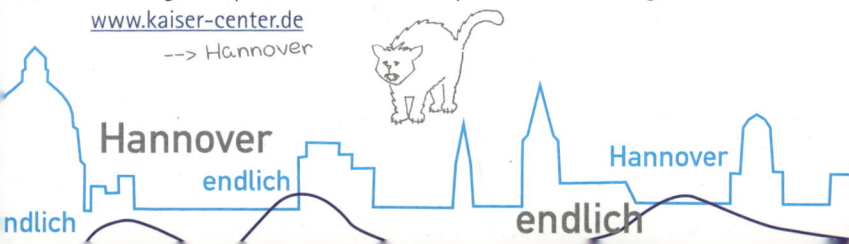

Schnee kalt

Eiskratzen Sauna

brrr

Am Messegelände liegt das **Sportcenter Laatzen** (Karlsruher Str. 28) im Hotel Ramada. Hier kannst Du vor allem Tennis und Badminton spielen und es ist meist nicht so überfüllt wie im Kaisercenter. Außerdem solltest Du unbedingt Sauna und Dampfbad nutzen – das kostet Dich nichts zusätzlich. Übrigens: Wenn Du last minute buchst, also 30 Minuten vorher, wird's günstiger!
www.sportcenter-laatzen.de

Klettern

Wenn Du nicht ganz frei von Höhenangst bist, Du aber trotzdem gerne rumkraxelst, bist Du im **Escaladrome** (Am Mittelfelde 39) an der richtigen Adresse: Auf knapp 600 qm darfst Du hier unter Anleitung bouldern, so lange Du kannst! www.escaladrome.de

Nach Herzenslust in die Höhe geht es im **Levelup** im Werkhof (Kniestr. 35), das Fitnessstudio und Kletterhalle verbindet. Hier kannst Du auch immer mal wieder unter sachkundiger Anleitung Anfängerkurse besuchen. Reinschauen lohnt sich in jedem Fall!
www.levlup-hannover.de

Hochschulsport

Das muss man Hannover lassen: Das Hochschulsportangebot ist riesig. Vor allem im Winter gibt es hier so viele Sportarten (jeweils für Anfänger und Fortgeschrittene), dass keiner mehr zu Hause auf dem Sofa versacken muss. Auch Nicht-Studenten und Bedienstete der Hannoveraner Unis können zu günstigen Preisen bei allen Angeboten mitmachen und

Du träumst von saisonal wechselnden Sportangeboten, selbst organisierten Spielgruppen und Kursen für Sportarten von Badminton bis Qi Gong? Diese Träume können wahr werden! Schau Dich einfach mal hier um:
www.spokusa.de

selbst außergewöhnlichere Sportarten wie Swingtanz, Bogenschießen oder Fechten ausprobieren. Zu Recht beliebt sind der Winter-
nachtsspaß – das alljährliche Turnier mit anschließender Party und
Glühweinausschank – und die Ski- und Langlauffreizeiten in hoch-
schuleigener Hütte. Hochschulsport ist immer ein willkommener
Anlass, das warme Zuhause zu verlassen!
www.hochschulsport-hannover.de

Outdoor-Winter

Es hat doch noch geschneit oder Du hast die Nase voll von abge-
standener Heizungsluft und eingeschlafenen Füßen? Dann nichts
wie raus! Egal ob mit oder ohne Schnee, das winterliche Hannover
da draußen ist es allemal wert, ihm eine Chance zu geben.

Skipisten und Loipen

Mal ehrlich: Ein Skiparadies kann man Hannover und seine Umgebung nicht gerade nennen und die paar Hügel hier sind selbst für
Anfänger nicht der Bringer.

Wen die wenig alpine Umgebung
vor Ort enttäuscht, der muss wohl
bis in den **Harz** fahren, was sich
allerdings echt lohnt! Skipisten
und Langlaufloipen gibt's da zur
Genüge. Die Möglichkeiten des
hemmungslosen Alkoholkonsums
nach dem Sport kommt hier zwar
nicht an das Après-Ski der Alpen
heran, aber Baumkuchen und „Bro-
ckenstürmer" (Harzer Schnaps) sind
ein solider Anfang. www.oberharz.de

--> Winter --> Wintersport

Schnee   kalt
Eiskratzen Sauna
brrr

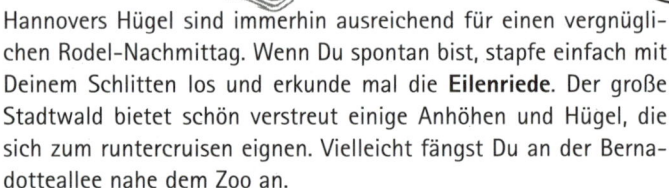

Schlittenfahren

Hannovers Hügel sind immerhin ausreichend für einen vergnügli-
chen Rodel-Nachmittag. Wenn Du spontan bist, stapfe einfach mit
Deinem Schlitten los und erkunde mal die **Eilenriede**. Der große
Stadtwald bietet schön verstreut einige Anhöhen und Hügel, die
sich zum runtercruisen eignen. Vielleicht fängst Du an der Berna-
dotteallee nahe dem Zoo an.

Etwas weiter draußen am **Messegelände** kannst Du waghalsig vom
(für hiesige Verhältnisse) gigantischen Kronsberg (118 m hoch) in
die Tiefe stürzen. Er lockt übermütige Schlittenfahrer an, die sich
mit kleinen Hügeln nicht zufrieden geben wollen. Auch der Rodel-
berg in **Döhren** und die Abfahrt in **Kleefeld**, nahe dem Pferdeturm,
sind nicht ganz zu verachten.

Im ca. 75 km entfernten **Holzminden** gibt es den einzigen Schlit-
tenverleih im Hannoveraner Umland (3 Euro pro Tag). Aber nicht
nur die Rodler, auch die Skilangläufer kommer hier auf ihre Kosten.
www.hochsolling.de

--> Tipps für Entdecker --> Wintersport --> Rodeln

Eislaufen

Auch auf dem Eis blamieren kannst Du Dich in Hannover. Im **Eisstadion am Pferdeturm** finden nicht nur die Heimspiele der „Hannover Indians" statt, sondern ab 3,50 Euro kann man auch (Disco-)
Schlittschuhlaufen, Schlittschuhe leihen oder die eigenen schleifen
lassen. www.eisstadion-am-pferdeturm.de

Ein tierisches Vergnügen bietet der **Zoo Hannover**. Ab 16 Euro gibt
es den Eintritt inklusive Schlittschuhfahren und Rodeln im dortigen
„Winterwonderland". Anschließend solltest Du unbedingt noch Eis-
stockschießen ausprobieren. Eine Tasse Glühwein ist inklusive!
www.zoo-hannover.de

Sobald er zugefroren ist, tummelt sich ganz Hannover auf dem Maschsee – natürlich ohne Eintritt zu bezahlen! Informier Dich vorher unbedingt, ob das Eis dick genug ist! www.hannover.de

--> Service --> Feuerwehr Hannover

Du warst lange genug draußen beim Weihnachtsshopping, bist auf dem gefrorenen Maschsee rumgerutscht oder hast Dir beim Schlittenfahren die Hände steif gefroren? Dann wird's Zeit, wieder ins Warme zu kommen.

Wenn Du sowieso schon im Zentrum bist, ist die **Holländische Kakaostube** (Ständehausstr. 2) jetzt genau das Richtige. Zwischen unzähligen Torten, Kuchen und Kakaosorten hast Du die Auswahl und bist am Ende satt, zufrieden und bereit, dem Hannover-Winter wieder die Stirn zu bieten. www.hollaendische-kakao-stube.de

s. auch „Durst?", S. 95

Weihnachtsmarkt

Ab Ende November verbringt jeder anständige Hannoveraner einen Großteil seiner Zeit auf dem **Weihnachtsmarkt**. Den Kern des Marktes findest Du in der Altstadt, die mit ihren schönen alten Gebäuden die ideale Kulisse für so ein Happening bietet. Um die Marktkirche herum bis ans Leine-Ufer und auf der anderen Seite bis zum Kröpcke tummeln sich immer eine Menge Leute, die sich durch die Stände futtern wollen, ein Last-minute-Geschenk für Omi suchen, die stimmungsvolle Beleuchtung genießen oder einfach nur den ein oder anderen Glühwein zu sich nehmen. Am besten man verlängert das durch die unerfreulich frühe Sperrstunde (21.00 Uhr) kurze Vergnügen und fängt einfach früher mit Glühweintrinken an.

Die Highlights des Hannoverschen Weihnachtsmarkts sind ohne Zweifel der historische und der finnische Teil. Ersterer erstreckt sich am Leine-Ufer und endet in der „Handwerkergasse". Wenn Du schon immer mal Bogenschießen oder Glasblasen ausprobieren wolltest, solltest Du Dir hier viel Zeit lassen! Der Honigmet, der Hanfdöner und auch die spärlich bekleideten Feuerspucker sind ebenfalls nicht zu verachten. Die Stimmung hier ist einfach toll und man fühlt sich direkt ins Mittelalter zurückversetzt!

Der finnische Teil auf dem Ballhofplatz beeindruckt mit riesigen Lachsen über offenem Feuer, einem echten Lappenzelt und Winkingerflair. Nachdem Du im Zelt einen heißen Grog getrunken hast und Dich am Feuer aufgewärmt hast, kann's weitergehen. Übrigens findest Du hier auch ausgefallene Weihnachtsgeschenke!

Wenn Du vom finnischen Teil des Weihnachtsmarkts genug hast, kannst Du noch im „Wunschbrunnenwald" Station machen, der immer rund um den **Holzmarktbrunnen** aufgebaut wird. Ins eiserne Gitter, das die Brunnenschalen umgibt, ist ein nahtloser „Wunschring" eingearbeitet. Dreh an ihm und – so zumindest verspricht es die Legende – alle Deine Wünsche werden wahr! Ein guter Platz jednfalls, um ein letztes Getränk zu Dir zu nehmen. Auf 400 qm sind über 50 Tannen gepflanzt und sobald man hier eintaucht, ist die Weihnachtsstimmung perfekt. Vor Ort tummeln sich auch noch etwas nach 21.00 Uhr viele Durstige, die den letzten Glühwein noch möglichst weit in die Länge ziehen.

Kulinarische Spezialitäten, die Du auf dem Weihnachtmarkt nicht auslassen solltest, sind unter anderem Schmalzkuchen (ausgebackene Brandteigwürfel mit viel Puderzucker), Rossbratwurst und Poffertjes (kleine, holländische Pfannkuchen), auf die viel Butter gehört. Honigmet, Eierpunsch und Glühwein gehören sowieso zum Pflichtprogramm auf dem Hannoveraner Weihnachtsmarkt.

In der schönen Lister Meile, vom Lister Platz bis hin zur Wedekindstraße, findest Du den „kleinen" Weihnachtsmarkt von Hannover – so wird der **Lister Weihnachtsmarkt** genannt. Er ist etwas familiärer und überschaubarer, aber nicht weniger schön als der in der Altstadt. Wenn Du als Kind schon Kasperletheater gemocht hast, wirst Du es Dir hier nicht verkneifen können, Dich unter die Kleinen zu schummeln und eine Vorstellung anzusehen.

Weihnachtsgebäck

Wenn Du nach dem Weihnachtsmarkt zu Hause weiternaschen oder Deine Eltern zu Weihnachten mit etwas besonders Leckerem überraschen willst, dann schau doch mal in einer der Hannoveraner Konditoreien vorbei. Das gemütliche, aber hippe **Café Kreipe** (Sedanstr. 36 bzw. Rathenaustr. 12) ist nicht nur eine gute Adresse zum Einkehren, sondern bietet auch eine nicht zu verachtende Auswahl an hauseigenem Weihnachtsgebäck. Baumkuchen, Christstollen und jegliche Art von Lebkuchen und Printen kann man hier vorbestellen, originell verpacken lassen oder einfach gleich vor Ort verputzen.

Im Präsentpaket „Weihnachtsgruß aus Hannover" sind Hannoversche Spezialitäten vereint. Die Weihnachtsleckereien sind ein ideales Mitbringsel für Familie und Freunde. Über den genauen Inhalt kannst Du Dich ja schon vorab informieren: www.konditorei-kreipe.de

Hannover
endlich
Hannover
endlich
endlich
endlich

Musik Musik

Mus

abhorsten

DJan
abhorsten

Feiern

Feiern

Feiern

usik

K

DJane   Musik

Club

Club

Club

Club

Musik

Musik

Musik

Flirt-Faktor

Flirt-Faktor

Flirt-Faktor

Flirt-Faktor   Musik

Flirt-Faktor

Musik

Musik

Club

Musik

Es wird Nacht in Hannover. Die Dunkelheit senkt sich über die Stadt, die Motten flattern um die Laternen und die Feierwütigen kriechen aus ihren Löchern, um sich an strategisch günstigen Plätzen für den Start in eine lange Nacht zu sammeln.

Hannovers Partylandschaft lässt sich grob in drei geographische Zentren aufteilen: das Steintorviertel, das alternative Studentenviertel Linden und das Gebiet rund um den Hauptbahnhof. Daneben gibt es natürlich auch noch weitere erwähnenswerte Locations, die aber verteilt über das ganze Stadtgebiet liegen.

PAAARTY!

Steintorviertel

Das Steintorviertel ist Hannovers Kiez – die kleine Antwort auf die Reeperbahn sozusagen. Hier findest Du Nachtclubs, Bars und Diskotheken verteilt auf die Scholvinstraße und die Reuterstraße. Eine feine Sache ist, dass die meisten Clubs keinen Eintritt verlangen; das Steintor eignet sich also vorzüglich zum Barhopping.

Ein Abend im Viertel beginnt meist in der **Sansibar** (Scholvinstr. 7), vor der oft ein ganzer Pulk von Menschen herumsteht, durch den man sich erst mal hindurchdrängeln muss. Die Musik reicht von RnB bis hin zu Schlagern und das Publikum setzt sich aus Rockern älteren Semesters, aufgebrezelten Partymäusen und coolen Checkern zusammen. Studenten triffst Du hier hingegen seltener. Ein Extra für die Damenwelt: Bei der Ladies Night gibt es gratis Prosecco. www.sansibar-hannover.de

Ganz in der Nähe und ebenfalls sehr beliebt bei den Nachtschwärmern ist die **Intensivstation** (Scholvinstr. 9). Hier gehört auch gerne mal elektronische Musik zum Behandlungskonzept. Wenn der
Heilungsprozess es verlangt, verabreichen Dir die Barmädchen in
Krankenschwesteruniformen blutrote Erdbeerlimes in Spritzen. Die
„Patienten" der Intensivstationsind zwischen 18 und 30, oft freizü-
gig gekleidet und nicht gerade verklemmt.
www.intensivstation-hannover.de

Bekannt für die kleinste Bühne der Stadt ist das **Heartbreak Hotel**
(Reuterstr. 5). Hier wird auch Livemusik gespielt, zum Beispiel 60er-
Jahre-Rock oder Countrypop. Das Heartbreak Hotel ist der richtige
Club für Dich, wenn Du es etwas rockiger magst und sterile Sauber-
keit nicht entscheidend für Dich ist. Geöffnet ist hier immer von
Donnerstag bis Samstag ab 21.00 Uhr.

Die Hüften schwingen ist Dein bevorzugter Zeitvertreib? Dann
könnte das **Havana** (Scholvinstr. 4) der richtige Club für Dich sein.
Wie der Name schon vermuten lässt, erklingen hier heiße, latein-
amerikanische Rhythmen und wenn es draußen so richtig grau und
ungemütlich ist, lädt die Einrichtung samt Palmwedeln und Bam-

bus zum Wegträumen ein.
Montags und mittwochs finden hier übrigens immer Partys mit dem Motto „Vamos a
bailar" statt. Wenn Du vorher an einem der regelmäßig
angebotenen Salsakurse
teilnimmst, bist Du dafür
auch richtig gut vorbereitet.
www.havana-steintor.de

Auf www.steintor-news.de kannst Du Dich informieren,
welche Party demnächst ansteht.

Hannover
endlich
Hannover

ndlich
endlich

Rund um den Hauptbahnhof

Während am Steintor jeder so herumläuft, wie es ihm gefällt, herrscht rund um den Hauptbahnhof, genauer gesagt dahinter, am Raschplatz, ein gewisser Dresscode. Die Message ist klar: Ich hab Geld und ich steh dazu!

Einer der Kultclubs in der Nähe des Hauptbahnhofs ist das **ZaZa** (Hamburger Allee 4a). Hier erwartet Dich nicht nur am Wochenende eine feierwütige Meute, sondern auch donnerstags bei der Ladies Night oder beim legendären Frühschoppen vor Feiertagen. Der macht's möglich, dass schon ab 14.00 Uhr gebechert und getanzt werden darf, als schiene draußen nicht die Sonne. Sektduschen gehören hier genauso dazu wie hohe Schuhe für die Damen und Oberhemden für die Herren. Gespielt wird in erster Linie Black Music und Charts, außer bei speziellen Veranstaltungen. www.zaza-club.de

Eine der bekanntesten Adressen in Hannover ist nach wie vor die **Baggi OSHO Discothek** (Raschplatz 7L), die direkt gegenüber dem Cinemaxx liegt und die Du wegen ihrer beeindruckenden Glasfassade eigentlich nicht verfehlen kannst. Wer sich als echter Hannoveraner fühlen möchte, muss mindestens einmal hier gewesen sein und als Beweis einen klassischen Kaffeegutschein vorlegen, den man beim Eintritt erhält.

Die Baggi ist Kult und dementsprechend die Musik: Tanzbares aus den Charts, aber zu später Stunde auch zuverlässig alle üblichen Verdächtigen von den Backstreet Boys bis Michael Jackson. www.osho-disco.de

Während die Baggi über allem zu thronen scheint, versteckt sich ein anderer Club einigermaßen unauffällig ganz in der Nähe. Das **PaloPalo** (Raschplatz 8a) ist eine kleine, gemütliche Disco, in der

Erstklassiges aus den Bereichen Funk, Soul und House auf die Plattenteller kommt. Besonders montags ist es für Tanzwillige wohl die beste Adresse der Stadt. Es gibt keinen bestimmten Dresscode, Frauen dürfen sowieso immer rein, Männer sollten nur auf halbwegs saubere, ordentliche Klamotten achten. www.palopalo.de.

Linden

Das ehemalige Arbeiterviertel Linden kennen die Hannoveraner traditionell für seine alternative Ausgehszene. Das **Kulturzentrum Faust e.V.** (Zur Bettfedernfabrik 3) ist mehr als ein einfacher Club. Hier finden auch Ausstellungen oder Theateraufführungen statt, Poetry Slams oder Swap-Partys, auf denen Modebewusste ihre Klamotten tauschen können. Abends wird vor Ort aber mächtig gefeiert, und zwar in der 60er-Jahre-Halle. Beliebt ist zum Beispiel die Indie-Party „Faust Forward" oder die Elekro-Party „WTF Panda Club". In der Faust gilt grundsätzlich: Jeder ist willkommen und soll sich einfach anziehen wie er möchte. Bei Unsicherheit eher etwas lässiger. www.kulturzentrum-faust.de

Um ins **Béi Chéz Heinz** (Liepmannstr. 7) zu gelangen, muss man erstmal eine lange Treppe hinunter, die mit zunehmendem Alkoholpegel immer steiler zu werden scheint. Doch ist man endlich unten angekommen, steht einem unvergesslichen Abend nichts mehr im Wege. Die Getränke sind günstig und die Musik ist tanzbar. Besonders viel Spaß machen die Jugendsünden-Partys, die einmal im Monat an einem Freitag stattfinden und bei denen Du zu den ganz großen Hits von früher so richtig schön abgehen kannst. Du darfst das Béi Chéz Heinz übrigens auch für Deine Privatparty mit bis zu 400 Gästen mieten. www.beichezheinz.de

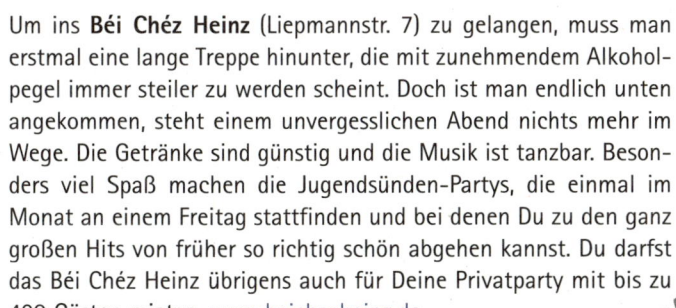

Die Glocksee (Glockseestr. 35) besteht aus der **Indiego** und dem **Café Glocksee**, die beide zu dem UJZ Glocksee e.V. (Unabhängiges

Jugendzentrum) gehören. Des Nachts finden hier ziemlich angesagte Partys oder auch Konzerte statt, die in der Indiego zum Beispiel nur 3 Euro Eintritt kosten. Man sollte sich also von dem etwas runtergekommenen Ambiente nicht abschrecken lassen und der „Glocke" unbedingt eine Chance geben. www.indiego-glocksee.de www.cafe-glocksee.de

Und der Rest

Abgesehen von den drei Partyzentren gibt es natürlich auch noch ein paar andere wichtige Adressen. Bestimmt findest Du auch hier etwas nach Deinem Geschmack.

Da wäre zum Beispiel das **Weidendamm** (Weidendamm 8). Hier bekommst Du feinste elektronische Musik serviert, z.B. House, Techno und Minimal. www.weidendamm.com

Wer es rockiger mag, ist im **Rockhouse** (Kurt-Schuhmacher-Str. 23) gut aufgehoben: günstiges Bier, ein Krökeltisch und gemütliche Sitzecken ergänzen das Angebot. www.rockhouse-hannover.de

Eine wunderschöne kleine Bar ist das **3Raum** (Ballhofstr. 5) in der Altstadt. Vorne kannst Du gemütlich sitzen und im hinteren Bereich wartet eine kleine Tanzfläche auf Dich. Je nach Veranstaltung wird unterschiedliche Musik aufgelegt, zuweilen gibt es sogar Liveauftritte. Das Ambiente ist stylish und das Publikum ab Mitte 20 aufwärts. www.3raum-ballhof.de

In der Nordstadt, in bester Lage, findest Du das **Spandau** (Engelbosteler Damm 30), das unter einem Dach Restaurant, Café, Kneipe, Club und Kulturzentrum vereint. Im ersten Stock kann man vorzüglich essen und durch die großen Panoramafenster das Treiben auf dem E-Damm beobachten. Abends werden dann Cocktails gereicht und wenn Dir das noch nicht genug ist, solltest Du zu einer der

legendären Spandau-Partys im Keller des ehemaligen Möbelhauses bleiben. Hier bekommst Du elektronische Musik, aber auch Pop und Indie-Klassiker zu hören und in dem kleinen Kellerraum wird es erst richtig gemütlich, wenn Du Dich wie eine Sardine in der Dose fühlst. www.spandauprojekt.de

s. auch „Durst?", S. 100

Übrigens geht in Hannover das Gerücht von einem vergessenen Club um. Wegen seines mystischen Rufs dürfen wir hier nur feststellen, dass jeder, der einmal dort war, davon schwärmt. Wo er ist und wie Du hineinkommst, musst Du allerdings selbst herausfinden. Aber sei versichert: Es lohnt sich!

Studentenpartys

Hannover ist zwar keine typische Studentenstadt, Studentenpartys gibt es aber natürlich trotzdem. Hier die prominentesten Vertreter.

Die wichtigste Party ist die **Mensa Night** zum Anfang des Wintersemesters, die früher in der Hauptmensa stattfand, mittlerweile aber in unterschiedlichen Diskotheken zu Gast ist. Die Getränke kosten wenig, die Musik ist ziemlich mainstreamig.
www.mensa-night.de

Die **Biologen, Geologen und Chemiker** begrüßen ihre neuen Erstsemester gerne im Béi Chéz Heinz bei Indie, Rock und Popklassikern, Astra und AfriCola.

Legendär ist auch die **PoWi-Party** (Party der Politikwissenschaftler) mit DJ Goodnews für magere 3 Euro, die ebenfalls dort stattfindet.
www.beichezheinz.de

Besonders feierlaunig sind übrigens die **Wirtschaftswissenschaftler**. In verschiedenen Lokalitäten veranstalten sie nicht nur eine Erstsemesterparty, sondern auch Weihnachtspartys, Frühlingspartys und Sommerfeste. Dem Studiengang entsprechend bist Du hier mit Polohemd und Perlenohrringen gut gekleidet.

Nächtlicher Heißhunger

Wenn Du die ganze Nacht auf der Piste bist, bekommst Du wahrscheinlich irgendwann Hunger. Da ist es praktisch, dass es an beinahe jeder Ecke einen Kiosk gibt, in dem Du Dich mit dem Nötigsten versorgen kannst.

Bei größeren Hungerattacken bietet sich ein Besuch im **Brauhaus Ernst August** (Schmiedestr. 13) an, wo auch zu fortgeschrittener Stunde noch deftige Kost serviert wird. Warme Speisen werden Dir bis 23.00 Uhr, samstags und sonntags bis 0.00 Uhr kredenzt.
www.brauhaus.net

In Linden ist ein Besuch bei **Falafel Habibi** (Nikolaistr. 3) Pflicht, denn dort gibt es angeblich die besten Döner der Stadt.

Montags bis freitags von 17.00 bis 2.00 Uhr wird im **Plümecke** (Voßstr. 39) außerdem die leckerste Currywurst Hannovers gebrutzelt, die sich hinter dem Berliner Original wirklich nicht zu verstecken braucht.

Der Weg nach Hause

Obwohl Hannovers Bars und Diskotheken über die ganze Stadt verteilt sind, ist es nicht schwierig, von einer Location zur anderen und, nach durchtanzter (oder durchzechter) Nacht, auch wieder nach Hause zu gelangen.

Freitags und samstags sorgt der **Nachtsternverkehr** dafür, dass Du beruhigt feiern gehen kannst, ohne ständig auf die Uhr schauen zu

müssen. Am Wochenende bringt er Dich mit Stadtbahn oder Bus auch in den frühen Morgenstunden noch sicher zu Deinem Zielort.

Alle 30 Minuten kannst Du am Kröpcke einsteigen und Dich chauffieren lassen. Je nach Linie und Wochenendtag, wirst Du bis 3.45 Uhr oder 4.45 Uhr von den Fahrern der Nachtstern-Flotte mitgenommen.

Wenn Du weiter außerhalb wohnst, kannst Du am Wochenende zwischen 1.00 und 4.00 Uhr den **NachtLiner** nehmen, der Dich von den Bahnhöfen oder Endhaltestellen des Nachtsternverkehrs weiter in die Pampa fährt. Die Zeiten sind perfekt aufeinander abgestimmt, so dass Du direkt umsteigen kannst. Einige Nachtliner-Verbindungen sind als Ruftaxi organisiert, hier musst Du Dich also rechtzeitig per Telefon anmelden.

Als besonderen Service für Frauen gibt es das **FrauenNachtTaxi**. Einfach dem Busfahrer Bescheid sagen und er bestellt Dir ein Taxi zu Deiner Ausstiegshaltestelle und Du bekommst sogar einen Zuschuss.

Eine Übersicht über den gesamten Nachtverkehr in Hannover findest Du auf der Seite des GVH. www.gvh.de   --> Service
--> Nachtverkehr

Wenn Du Dir ganz einfach mal den Luxus gönnen möchtest, mit dem Taxi nach Hause zu fahren, kannst Du das in Hannover auch auf umweltfreundliche Weise tun. Die mit Flüssiggas betriebene Flotte von **MeinTaxi!** liefert Dich nach der Partynacht direkt vor Deiner Haustür ab. Tel. 0511/434343, www.meintaxi.net

Hannover
endlich

Hannover
endlich

Kirche

Kirche Kirche

aus

geschlossen

aus

brunchen

Kühlschrank leer

Kühlschrank leer

brunchen

Sonntage

Sonntage

Sonntage

Kühlschrank leer

lossen.

chla Kirche

hbrunchen

brunchen

eschlossen

geschlossen

Kühlschrank leer   Kühlschrank leer

ühlsch   Kirche

Kühlschrank leer

Sonntag – eigentlich vielversprechende 24 Stunden. Das Wochenende ist noch immer nicht vorbei, Du kannst rumlümmeln, trödeln, erst später duschen und mal ganz in Ruhe über Dein Leben nachdenken. Spätestens am Sonntagabend meldet sich dann aber das Gewissen, denn Sonntagabend ist der kleine Bruder von Montagmorgen. Da kann man nur froh sein, wenn man aus dem letzten Tag der Woche wieder einmal alles rausgeholt hat. Ideen fürs sonntägliche Vollzeitprogramm findest Du auf den folgenden Seiten – und garantiert kein Wort mehr von Montag.

Sonntagsfrühstück

Spulen wir nochmal zurück und fangen morgens an: Wie beginnt der Tag am besten? Genau! Mit Croissant im Mund, heißem Kaffee in der Tasse und einem heimeligen Ambiente – Frühstück! Sonntage eignen sich hervorragend, um sehr viel zu essen. Hier ein paar Orte, wo das besonders viel Spaß macht:

Ob Kaffee, Kippe, Kaugummi (John Belushi-Frühstück) oder das volle Programm, sonntags kannst Du im **Café Safran** (Königsworther Str. 39) bis 17.00 Uhr frühstücken – oder eben schon mal in die Speisekarte spähen, für den großen Hunger danach. Zwischen 1,50 Euro und 18 Euro ist hier alles möglich – kommt drauf an, was Magen und Geldbeutel mitzuteilen haben ... Und ab 18.00 Uhr geht am Sonntag auch schon der Bierabend los, falls Du doch noch einen kleinen Durst verspürst. www.cafesafran.de

Ebenfalls bis 17.00 Uhr kannst Du im **11a** (Am Küchengarten 11a) bei einer guten Auswahl kulinarisch in den Tag starten, beispielsweise italienisch mit Mozzarella oder fruchtig mit Obst und Joghurt. Aber schau unbedingt auch in die Mittags- oder Abendkarte! Die Küche dieses kleinen Häuschens (ein Teil war früher mal Umspannwerk) ist über die Grenzen der Stadt hinaus bekannt und

wirklich klasse. Und bei schönem Wetter kannst Du besonders gut in einem der Strandkörbe draußen sitzen. www.11a-restaurant.de

Im **Spandau** (Engelbosteler Damm 30) kannst Du Dir Dein Frühstück in einem hübsch gestalteten Laden selbst zusammenbasteln. Fläz Dich in die gemütlichen Sitzgelegenheiten und mach langsam! Bis 15.00 Uhr darfst Du Dich am Buffet austoben. Wenn Dir die angebotenen Frühstücksklassiker wie Brötchen, Aufstrich und Aufschnitt nicht genügen, bestell ein paar Extras wie Bacon oder Rührei dazu.

Und falls Du mal austreten musst, ist das stille Örtchen gar nicht so still, denn hier darfst Du einem Hörbuch lauschen. Und die Damen der Schöpfung können dem Klischee alle Ehre machen und sich auf dem Doppelklo tatsächlich eine Kabine teilen!
www.spandauprojekt.de   s. auch „Es ist Sommer!", S. 113

Mitten in der Stadt, direkt am Kröpcke, kannst Du Dich in der Brasserie des **Mövenpick Restaurants** (Georgstr. 35) bis 11.30 Uhr entweder am Frühstücksbuffet bedienen oder à la carte bestellen. Die frisch gebackenen Brötchen und das Tartinebrot (unbedingt probieren!) stammen aus der Hausbäckerei. Hier gibt es spezielles Frühstück für zwei, auch mit Champagner, wenn's sein muss. Das Ganze hat natürlich seinen Preis: Mit 19,50 Euro bist Du dabei!
www.moevenpick-restaurants.com   --> Restaurants --> Deutschland
                                          --> Hannover Kröpcke

Last but not least: das **Café LaSall** (Sallstr. 79). Hier kannst Du wahrlich fürstlich frühstücken. Wie wäre denn ein romantisches

Sektfrühstück für zwei? Oder ein kleines Filetsteak zum Brötchen? Überraschend, aber bestens geeignet für einen deftigen Start in den Sonntag! www.lasall.de ⟶ *s. auch „Durst?", S. 91*

Eine feine Sache ist auch der Kinobrunch im **Kommunalen Kino** (Sophienstr. 2). Hier kannst Du schlemmen, während Deine Lieblingsstars über die Leinwand flimmern. Immer sonntags von 10.00 bis 15.00 Uhr. Filmbeginn ist um 11.30 Uhr. Kostenpunkt: 19,90 Euro. Reservier schnell, hier sind die Tickets ruck, zuck weg! www.koki-hannover.de ⟶ *s. auch „kultur und so", S. 17*

Mal Lust auf neue Gesellschaft für die erste Mahlzeit des Tages? Dann besuch doch den Frühstückstreff im **Lindenkrug** (Harenberger Str. 46). Der findet dort jeden 2. und 4. Sonntag im Monat statt. Nach der gelungenen Völlerei unternehmen die Frühstücks-Treffer dann gerne noch was zusammen. www.lindenkrug-hannover.de www.hannover.fruehstueckstreff.de

Kirchgang

Manchem ist der Sonntag im wahrsten Sinne des Wortes heilig. Protestanten und Katholiken besuchen dann ein Gotteshaus ihrer Wahl. Aber auch wenn Du jüdischen, muslimischen oder anderen Glaubens bist, können wir Dir ein paar Adressen nennen – auch wenn es dann nicht unbedingt um den Sonntag geht:

Evangelisch: Hannover ist eine protestantisch geprägte Stadt, wie wir nicht erst seit Margot Käßmann wissen. Eine Vielzahl evangelischer Kirchen und Gemeinden der Stadt findest Du unter: www.kirche-hannover.de

Katholisch: Du suchst katholische Kirchen und Gemeinden in Hannover? Schau mal unter: www.kath-kirche-hannover.de

Jüdisch: Das Gemeindezentrum und die Synagoge der liberalen jüdischen Gemeinde Hannover e.V. liegt in der Fuhsestr. 6; weitere Informationen zum jüdischen Leben in der Stadt bietet Dir diese Seite: www.ljgh.de

Muslimisch: In Hannover stehen mehrere Moscheen. Weitere Informationen gibt's hier: www.islaminhannover.de

Freie Humanisten: Hannover hat eine lange freigeistig-humanistische Tradition. Wenn es vielleicht doch nicht mit Religion, aber auch nicht ganz ohne Feierlichkeit geht, bietet der Humanistische Verband Hannover (Otto-Brenner-Str. 22) beispielsweise „weltliche Feierstunden". Weitere Informationen zu der Geschichte der Vereinigung und anderen Angeboten bekommst Du hier: www.freie-humanisten.de

Leerer Kühlschrank? – Der sonntägliche Notfalleinkauf

Hunger plagt Dich, aber beim mutigen Versuch, einen Blick in den Kühlschrank zu werfen, weht Dir wie im Western Tumbleweed entgegen? Kein Grund zu verzweifeln! In Hannover findest Du ein paar Stationen, wo Du auch sonntags Deine Vorräte aufstocken kannst.

Im **Hauptbahnhof** findest Du eine ganze Menge Läden, die auch am Sonntag geöffnet haben. Vom Bäcker über die Drogerie bis zum Supermarkt gibt's hier einige Möglichkeiten, Dich mit allem einzudecken, was Du so brauchst. Falls Dein Befinden eher Kopfschmerztabletten erfordert – eine Apotheke findest Du hier glücklicherweise auch.

Hannover ist angeblich die Stadt mit der größten **Kiosk**- bzw. **Trinkhallen**dichte, wobei man sich vielleicht fragt, warum diese

Miniläden das Wort „Halle" im Namen tragen. Denn eigentlich sind sie meistens klein und die Ware wird durch ein Schiebefenster angeboten. Aber die merkwürdigen Namen scheinen Programm zu sein. In Berlin heißen die Kioske „Spätverkauf" oder „Späti", im Ruhrgebiet „Bude" und in Frankfurt „Wasserhäuschen". Schließlich gehören Getränke zur Grundausstattung. Die Trinkhalle bietet Dir ihr Sortiment von Cola über Rasierschaum bis zu Pralinen auch sonntags! Kostet aber vielleicht ein paar Taler mehr. Die ultimative Webseite, um den nächstgelegenen und geöffneten Kiosk zu finden gibt es praktischerweise auch: www.kioskguide-hannover.de

Der Klassiker in Sachen „immer offen" ist und bleibt die gute alte **Tanke**. Die gibt es ja nun wirklich überall.

Sonntagsspaziergang

Der Kopf ist noch ein bisschen schwer von nächtlichem Bier und Wein? Die Hausarbeit muss weiter geschrieben werden, aber Du bist noch nicht so richtig in Stimmung? Die WG-Küche schreit danach, sofort aufgeräumt zu werden, draußen lacht jedoch die Sonne? Da geht doch nichts über den guten, alten Sonntagsspaziergang oder zumindest ein bisschen Bewegung an der frischen Luft.

Für alle, die gerne Tiere gucken gehen, aber sich nicht zu sehr bewegen möchten, bietet sich eine **kutschfahrt** an. Dies ist im Georgengarten möglich, Abfahrt ist gegenüber den Infopavillons am Großen Garten. Dort erhältst Du auch Infos zu Terminen.

Der **Tiergarten Hannover** (Tiergartenstr. 95) ist eines der ältesten Wildgehege Deutschlands. Auf einem 112 ha großen, eingezäunten Waldstück im Stadtteil Kirchrode wurde bis 1799 noch gejagt. Das änderte sich (netterweise!), als es dann für die Bürger geöffnet

wurde. Und so kannst Du allerlei Wildtiere, wie Hirsche und Rehe, Füchse und Hasen in beinahe freier Wildbahn beobachten – und sie Dich natürlich auch. Der Eintritt ist übrigens frei!

Der **Erlebnis-Zoo** in der Eilenriede (Adenauerallee 3) ist sicherlich zu jeder Jahreszeit einen Besuch wert. Auf dem bereits 1865 entstandenen Gelände findest Du auf 22 ha inzwischen über 3000 Tiere und über 200 Arten. In sieben Erlebniswelten kannst Du in unterschiedlich gestalteten Bereichen eine Miniweltreise starten. Bei einer Safaritour in Afrika, über einen Gorillaberg, ins Outback oder in einen Dschungelpalast. Da kommst Du für einen beschaulichen Sonntag dann ganz gut rum. www.zoo-hannover.de

Es regnet und Du magst es zwar nass, aber nicht von oben. Dann geh Dir doch einfach ein paar Wasserbewohner im **Sea Life** (Herrenhäuser Str. 4a) angucken. Alles, was unter Wasser Rang und Namen hat, kannst Du hier beobachten: 160 verschiedene Arten hat das Sea Life zu bieten – über 3500 Tiere leben hier. Für Streichelzoofreunde gibt es sogar ein Berührungsbecken. Über Wasser kannst Du einen Regenwaldspaziergang machen – besser, als ein Waldspaziergang im Regen, oder? www.visitsealife.com --> Hannover

Ausflüge um die Ecke

Etwa eine Stunde Fahrtzeit mit dem Auto oder 45 Minuten mit der S-Bahn entfernt liegt südwestlich von Hannover die Kleinstadt

Hannover
endlich
ndlich
Hannover
endlich

Kirche   flanieren
brunchen   Ausflüge
geschlossen

Hameln (Du weißt schon, der Rattenfänger und so ...) an der Weser. Wenn Du Fachwerk magst, wird Dir die Altstadt sicher gefallen. Und wenn Du von der Rattenfänger-Sage begeistert bist, wie schon Michael Jackson, der deswegen dort ein Konzert gab, kannst Du hier sonntags zwischen Mai und September das Rattenfänger-Freilicht-spiel auf der Hochzeitshausterrasse verfolgen. Kostnix!
www.hameln.de

Eine Stunde westlich von Hannover liegt das **Schloss Bückeburg**. Neben dem üblichen Schlossrundgang kannst Du auch an Erlebnisführungen teilnehmen und Dir dabei die Weserrenaissance-Behausung der ehemaligen Fürsten zu Schaumburg-Lippe genauer ansehen. Heute wohnt hier übrigens Alexander Prinz zu Schaumburg-Lippe. Zu Terminen, Anmeldung und Anfahrt kannst Du Dich ja schon mal schlau machen: www.schloss-bueckeburg.de

Auch etwa eine Stunde entfernt, aber nördlicher gelegen, ist der **Dinosaurier-Park** in Münchehagen. Wenn Du Jurassic Park mochtest, aber nicht so Lust auf Wegrennen und Verstecken hast, kannst Du hier einen unterhaltsamen Sonntag verbringen. In dem geschützten Areal wurden gut erhaltene Dinosaurierfährten entdeckt und inzwischen hat man passenderweise drum herum ein wissenschaftliches Freilichtmuseum errichtet.
www.dinopark.de

Etwa eine Stunde nördlich von Hannover liegt der **Serengeti-Park** in Hodenhagen. Zwischen März und Oktober kannst Du in verschiedenen Themenwelten Freizeitpark-Karussellfahrten mit Safari-Feeling kreuzen. www.serengeti-park.de

90 km nördlich von Hannover steht der **Heidepark Soltau**. Wenn Du Deinen Sonntag nicht ruhend verbringen willst, sondern auf Achterbahndurchgeschüttel stehst und Dich wie auf Klassenfahrt fühlen möchtest, bist Du hier richtig. www.heide-park.de

PS: Im Kapitel „Es ist Sommer!" findest Du weitere schöne Ausflugsziele, wie z.B. das Steinhuder Meer.

Kaffee und Kuchen

Frühstück, Brunch und Mittag verpasst oder einfach so Lust auf was Süßes? Dann gönn Dir was und nimm Dir eine Kuchen-Auszeit!

Die Bar (Limmerstr. 25) ist besonders schön eingerichtet und bietet auch draußen gemütliche Sitzplätze, von denen man das bunte Treiben in Linden beobachten kann. Auf den Teller kannst Du Dir außerdem sehr leckeres Gebäck oder auch was Herzhaftes legen lassen. Darüber hinaus gibt es holländische Süßigkeiten zum Mitnehmen, für später. www.lieblings-bar.de

In der kleinen, aber feinen **Kaffeebar menagerie** (Kötnerholzweg 47a) mit den großen Fensterfronten hast Du die Qual der Wahl bei der Kuchenunddarüberhinausauswahl. Der Käsekuchen hier ist übrigens ein absolutes Muss! www.menagerie-hannover.de

Im **Café K** (Egestorffstr. 18) gibt es zwar weit mehr als guten Kuchen und hausgemachte Pralinen, aber es soll an dieser Stelle nicht unerwähnt bleiben, dass der schlaue Besitzer einst ganz sympathisch die Million bei Jauch eingesackt hat. In jedem Fall ein besuchenswerter Laden – inzwischen renoviert und mit mehr Lohn fürs Personal – dank des netten Quizgewinners. www.cafek.de

An der Lutherkirche findest Du das gemütliche **Café Kopi** (Rehbockstr. 2). Hier gibt es Köstlichkeiten in Bioqualität wie Blaubeerkuchen oder Baguettes mit toller Remoulade.
www.facebook.com/CafeKopi

Schön mitten in der Altstadt gelegen findest Du das **Teestübchen** (Ballhofplatz 2), in dem der Tee nicht stiefmütterlich mit den Sorten Pfefferminz, Kamille und Hagebutte im Beutel abgehandelt wird. Hier hast Du eine Auswahl von insgesamt 30 Sorten. Und der Kuchen schmeckt auch noch richtig gut. Im Sommer ist die Teatime draußen im Liegestuhl eine feine Sache.
www.teestuebchen-hannover.de

Du bekommst bei der Erinnerung an das große Traumschiff-Finale, als die Wunderkerzen-Torte hereingetragen wurde und sich schulterbepolsterte Menschen in die Arme fielen, feuchte Augen? Dann wirst Du dem Charme bei Hannovers selbsternanntem Tortenkönig im **Café Mönikes** (Falkenstr. 13) wahrscheinlich erliegen. Und Dich fragen, ob Du versehentlich eine Zeitreise in die 80er unternommen hast. Also Sahnetorte rein und danach glückselig zurück in die Zukunft! www.hannovers-tortenkoenig.de

Tatort gucken

Der Sonntag neigt sich dem Ende zu und wie dem einen der sonntägliche Kirchgang heilig ist, ist es dem anderen der Tatort. Falls Du Anhänger dieses wochenendlichen Rituals bist und nicht alleine gucken willst, bietet sich das kollektive Fernsehen außerhalb der eigenen vier Wände an. Da es lässt sich auch gut mit einem Kaltgetränk oder einer Kanzlerplatte kombinieren. Hier kann's klappen:

Da gibt es z. B. das **Waschweiber** (Limmertstr. 1). In diesem sympathischen Waschsalon mit Restaurant kannst Du quatschen, essen, trinken und den Ermittlern bei der Arbeit zusehen, während nebenan (hoffentlich nicht zu laut!) die Waschmaschine schleudert. Also: Schmutzwäsche nicht vergessen, wenn Du zum Sonntagskrimi hierherkommst!

Ebenfalls einen aufregenden kriminalistischen Ausflug wert ist das **Bistro Safari** (Siemensstr. 4). Hier gibt es neben türkischen Spezialitäten auch noch eine große Auswahl anderer Köstlichkeiten, um Deinen hungrigen Magen zu füllen. Schließlich musst Du satt und (möglicherweise ein bisschen) bei Sinnen sein, um dem Täter auf die Spur zu kommen. Vorbestellen ist zum Tatort-Ereignis angeraten! www.bistro-safari-hannover.de

Nudeln, Salate, Snacks und regelmäßig Mord und Totschlag auf dem Bildschirm gibt's auch im **Kalabusch** (Sallstr. 49). Na denn Prost, guten Appetit und Augen auf bei der Tätersuche! www.kalabusch.de

Eltern

Touris

Sightseeing

Touris

Touris

Sights

aufräumen

auf

aufräumen
aufräumen

aufräumen

Sig

Besuch
Besuch

Besuch?

Tourikram

Tourikram ...

Besuch
Tourikram ...

seeing
seeing

Eltern

Eltern
sightseeing

endlich

tseeing

Wenn Besuch bei Dir eingefallen ist – egal, ob Freunde von außerhalb, die liebe Verwandtschaft oder der Couchsurfer – möchtest Du Deine Stadt natürlich von ihrer Schokoladenseite zeigen. Welche absoluten Hannover-Highlights Du gut in einen Ausflugstag packen kannst, haben wir auf den folgenden Seiten kurz und knackig zusammengefasst. Und los geht's!

Die Hannover-Tour ... geführt

Zugegeben, in Sachen Sightseeing hat die Stadt Hannover bereits ein bisschen Vorarbeit geleistet – es gibt nämlich eine fertige Tour, die die wichtigsten Punkte ansteuert. Der „**Rote Faden**", eine 4,2 km lange Linie, die mit roter Farbe mühevoll auf den Asphalt gepinselt wurde, führt Dich an 36 wichtigen Sehenswürdigkeiten in der Innenstadt vorbei. Praktischerweise beginnt die Tour direkt an der Touri-Info. www.roterfaden-hannover.de

Ergänzt wurde er inzwischen durch den „**Blauen Faden**", der Dich durch die Calenberger Neustadt lotst. Eine blaue Linie auf der Straße musst Du Dir hier zwar dazudenken, dafür gibt's aber jede Menge Hinweisschilder. Du kannst Dich also nicht verlaufen. Auf der gesamten Strecke gibt es 38 Sehenswürdigkeiten zu bestaunen, u.a. die Grabstätte des Universalgelehrten Leibniz und die Waterloosäule. www.calenberger-neustadt.de   --> Der Blaue Faden

In der **Touri-Info** (Ernst-August-Platz 8) kannst Du Dir die dazu passende Broschüre – bei Bedarf auch auf Japanisch – und natürlich eine ganze Menge weiterer Infos zu geführten Touren besorgen. Außerdem erfährst Du hier alles Wissenswerte über die Stadt und bekommst von der Ansichtskarte bis zum Schlüsselanhänger eine Menge mehr oder weniger kitschiger Souvenirs mit Hannover-Motiv. www.hannover.de   --> Tourismus --> Besucher-Service
   --> Tourist-Information-Hannover

Kirche
aufräumen
Eltern
Sightseeing
Besuch
//159

... oder auf eigene Faust

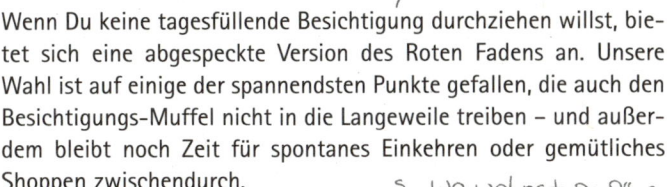

Wenn Du keine tagesfüllende Besichtigung durchziehen willst, bietet sich eine abgespeckte Version des Roten Fadens an. Unsere Wahl ist auf einige der spannendsten Punkte gefallen, die auch den Besichtigungs-Muffel nicht in die Langeweile treiben – und außerdem bleibt noch Zeit für spontanes Einkehren oder gemütliches Shoppen zwischendurch.

s. „Wo wohnst Du?", S. 10

Dein Besuch und Du setzen sich in Richtung **Hauptbahnhof** (Ernst-August-Platz) in Bewegung, um dort die Tour zu beginnen. Er ist wunderbar zentral gelegen und eignet sich daher hervorragend für den Startschuss zur Hannover-Begehung. Auf dem großen Platz wird Dir gleich eine imposante Reiterstatue auffallen – ein Denkmal, das zu Ehren von König Ernst August I. hier aufgestellt wurde. Der exakte Standort zum Auftakt ist übrigens unterm Schwanz. Wie bitte? Ja, genau da!

Einen kleinen Rundgang ist auch der Bahnhof an sich wert. Anlässlich der Expo 2000 wurde er komplett renoviert und aufgehübscht und hat sich damit vom Schandfleck der Stadt zum Aushängeschild gemausert. 2004 bekam er sogar die Auszeichnung „Bahnhof des Jahres"! Wie Du siehst, nehmen auch Bahnhöfe an Schönheitswettbewerben teil! Im Erdgeschoss und im Untergeschoss des preisgekrönten Gebäudes gibt es neben den üblichen Fressbuden und Zeitschriftenläden auch eine Unmenge an Boutiquen,

Falls Du mit Deinem Besuch die Stadt mit dem Rad erkunden willst: Direkt neben dem Hauptbahnhof gibt es eine **Radstation**, bei der man sich zu günstigen Konditionen einen Drahtesel mieten kann. Hier kannst Du auch Dein eigenes Fahrrad abstellen und zu Fuß oder mit der Bahn weiter.

s. „Von A nach B", S. 55

Hannover
endlich
Hannover
endlich
ndlich
endlich

Drogerien und sonstigen Geschäften. Die allermeisten Läden haben sieben Tage in der Woche von 10.00 bis 20.00 Uhr geöffnet. Du kannst hier also auch zu ungewöhnlichen Zeiten noch Deinen Notfalleinkauf tätigen.

Auf dem Bahnhofsvorplatz hast Du die einmalige Chance, Deine hannoverfremden Gäste mit einem **singenden Gullideckel** zu überraschen. Über die aus dem Abwasserkanal auf den Ernst-August-Platz rauftönende Musik hat sich bisher noch jeder gewundert.

Nach dem Bahnhofsrundgang könnt ihr dann direkt die Innenstadt in Angriff nehmen und erst mal zielstrebig entlang der Bahnhofstraße auf den **Kröpcke** zusteuern. Der große Platz mitten in Hannover, benannt nach einem früheren Cafébesitzer, ist Teil der Fußgängerzone. Noch heute gibt es hier ein Café mit dem Namen Kröpcke. Auf dem Platz findest Du auch gleich den zweiten, äußerst beliebten Hannover-Treffpunkt: die **Kröpcke-Uhr**. Zentraler geht's nicht – Du hast also den perfekten Ausgangspunkt für alle weiteren Unternehmungen erreicht.

Unter dem Platz, der im Zweiten Weltkrieg fast komplett zerstört und danach wieder aufgebaut wurde, befindet sich der wichtigste Knotenpunkt der Stadtbahn Hannover: der U-Bahnhof Kröpcke.

Aus nördlicher Richtung seid ihr gekommen, und wenn ihr euch jetzt ein Mal im Kreis dreht, wird's euch schwer fallen zu entscheiden, ob ihr eure Hannover-Expedition nach Westen Richtung Steintor, nach Süden Richtung Waterloo oder in südöstlicher Richtung zum Aegidientorplatz fortsetzen sollt.

Solche schwerwiegenden Entschlüsse solltet ihr auf gar keinen Fall
mit leerem Magen fassen. Dieser Meinung ist vermutlich auch **Jim
Block** (Georgstr. 35), der Imbiss, der direkt hinter der Kröpcke-Uhr
mit frischen Burgern und knackigen Salaten aufwartet. Hier kann
Dein Besuch gleich Zeuge eines lokalpatriotischen Rituals werden.
Speziellen Hannover-Bezug demonstriert Jim Block nämlich bei der
Essensausgabe. Auf Deinem Kassenzettel steht ein Hannoverscher
Straßenname, der dann als Codewort benutzt wird: Wenn das Essen
wenige Minuten nach Deiner Bestellung fertig ist, wird „Dein" Stra-
ßenname laut durch den Wartebereich gerufen. Dann kannst Du
Deinen ausgewählten Snack abholen.

www.jim-block.de   --> Hannover

Ihr wollt also Kurs auf den
Südosten nehmen? Na gut,
dann folgt ein Stückchen der
Georgstraße und nähert euch
erst mal dem **Opernhaus**
(Opernplatz 1). Das ist nach ca.
200 m auf der linken Seite zu
sehen. Zwischen 1845 und 1852
wurde es im spätklassizistischen
Stil erbaut und dient heute dem
Niedersächsischen Staatstheater
als Spielstätte.

Einige hundert Meter weiter schließt sich ans Ende der Georgstraße der **Aegidientorplatz** an, den man nach dem Stadttor benannt
hat, das sich bis 1780 an dieser Stelle befand. Heute ist der Platz,
der von den Hannoveranern liebevoll „Aegi" genannt wird, einer der
verkehrsreichsten der Stadt. Seht euch also vor, wenn ihr die Straße überquert, um zum **Theater am Aegi** (Aegidientorplatz 2) zu
gelangen.

Hannover
endlich

Hannover

ndlich

endlich

Wenn ihr heil dort angekommen seid, kannst Du dann mit ein paar handfesten Fakten über die kleine Spielstätte glänzen: Mit etwa 1.100 Plätzen bietet es ein umfangreiches Kulturprogramm von Comedy und Musical über Konzerte bis hin zu Lesungen.

Direkt rechts daneben befindet sich das **Verwaltungsgebäude der NORD/LB** (Friedrichswall 10) – ein spektakuläres Monstrum aus Glas und Stahl, das ziemlich verschachtelt aussieht und mit seiner außergewöhnlichen Struktur beeindruckt. Es wurde im Jahr 2002 erbaut und hat eine Reihe von Architekturpreisen eingeheimst.

Nur wenige Meter weiter findest Du das, mindestens genauso schöne, architektonische Gegenteil zum futuristischen NORD/LB-Gebäude: das **Neue Rathaus** (Trammplatz 2). Seit 1913 ist es Verwaltungssitz der Stadt Hannover. Der wilhelminische Prachtbau wirkt ganz und gar nicht langweilig-behördlich, sondern eher wie ein protziges Schloss – nicht zuletzt dank des angrenzenden Maschparks, wo sich das Bauwerk malerisch im Maschteich spiegelt. Hier residieren zwar keine Blaublütigen, aber immerhin hat der Oberbürgermeister seinen Amtssitz in dieser wunderschönen Hütte. Jetzt wäre für Deinen Besuch der richtige Zeitpunkt, zur Knipse zu greifen und ein paar Erinnerungsfotos zu machen.

An der Vorderseite des Neuen Rathauses stehst Du übrigens auf dem so genannten Trammplatz. Dein Blick fällt sofort auf den Rathausbalkon, auf dem große historische Momente zelebriert wurden: Nicht nur die Fußballer von Hannover 96 haben sich hier nach

ihrem Pokalsieg 1992 von ihren Fans zujubeln lassen – auch Lena, die Eurovision-Song-Contest-Gewinnerin von 2010 durfte schon da oben stehen.

Wenn Du Dich stadtgeschichtlich ein bisschen schlau machen möchtest, solltest Du Dich ins Rathaus reintrauen. Schon in der Halle triffst Du auf die vier Miniatur-Modelle, die die Stadt zu verschiedenen Zeitpunkten in der Geschichte zeigen. An einer Führung kannst Du auch teilnehmen, den Kick des Tages aber verpasst Du Dir am besten mit einer Fahrt im **Bogenaufzug**, der Dich in die 98 m hohe Kuppel bringt. In dem Fahrstuhl steigst Du nicht einfach nur senkrecht nach oben, Du bewegst Dich schräg entlang der Innenseite der Kuppel! Und wenn Dir das noch nicht abenteuerlich genug ist, dann kannst Du dabei auch noch in den Abgrund schauen: Ein Teil des Kabinenbodens lässt sich nämlich per Knopfdruck durchsichtig machen.

Ein echtes Erlebnis, das ihr euch auf gar keinen Fall entgehen lassen solltet! Oben angekommen hast Du einen tollen Rundumblick auf die Stadt – und bei klarem Wetter sogar bis zum ca. 100 km entfernten Harz. Dieses Vergnügen ist zwischen Februar und November zu haben.

Nach dem Ausflug in schwindelerregende Höhen braucht ihr eine Stärkung? Dann gönnt euch was! Direkt im Neuen Rathaus – im edlen **Gartensaal** – gibt's richtig leckere Gerichte. Einen herrlichen Blick auf den Maschpark bekommt ihr gratis dazu. Da der Gartensaal häufig für geschlossene Gesellschaften gemietet wird, informierst Du Dich besser vorab hier: www.gartensaal-hannover.de

Wenn ihr Lust habt, könnt ihr im Maschpark noch ein bisschen schlendern, bevor es dann zur nächsten Station auf eurer Tour weitergeht.

Anschließend könnt ihr euch in südliche Richtung orientieren und die Willy-Brandt-Allee entlanggehen. Wenn Dein Besuch ein bisschen kunstgeschichtliches Interesse aufbringt, schleppst Du ihn einfach ins etwa 300 m entfernte **Niedersächsische Landesmuseum** (Willy-Brandt-Allee 5). Gemälde und Skulpturen aus dem 11. bis 20. Jahrhundert, Werke von Rembrandt, Max Liebermann und Albrecht Dürer gibt es hier zu bestaunen. Auch archäologische Exponate hat das Museum zu bieten und – falls das auch jemand sehen möchte – ein Münzkabinett.

Nach so viel Input tut euch bestimmt ein Frischluft-Aufenthalt gut. Und wo kann man den lauschiger gestalten als direkt am Wasser? Folgt einfach der Willy-Brandt-Allee, lasst das Sprengel-Museum links liegen und begebt euch zum Nordufer des **Maschsees** – eines der beliebtesten Naherholungsgebiete der Hannoveraner. Mal abgesehen von den Skatern und den Joggern, die hier ihre langen Runden um den See drehen, triffst Du auf die pure Idylle – und das mitten in der Stadt!

Weiter geht's zu dem nicht übersehbaren **Fußballstadion**, das von den Hannoveranern gerne noch mit dem ehemaligen Namen Niedersachsenstadion (Robert-Enke-Str. 1) bezeichnet wird. Ursprünglich aus Trümmern des zweiten Weltkrieges errichtet, wurde das Stadion zwischen 2002 und 2005 zur modernen Fußballarena umgebaut und war 2006 einer der Spielorte der Fußball-Weltmeisterschaft. Im bis zu 49.000 Zuschauer fassenden Stadion sind auch immer wieder internationale Musikgrößen auf der Bühne zu sehen. Coldplay, U2, Madonna und Herbert Grönemeyer haben sich hier schon die Ehre gegeben.

Richtung Stadtzentrum kommst Du wieder, wenn Du vom Stadion aus nach Norden (über Bruchmeisterallee und Waterloostr.) zum **Waterlooplatz** spazierst. Auch bei diesem Ort kannst Du Dir viel-leicht schon denken, zu wessen Ehren er seinen Namen trägt? Zum Gedenken an die berühmte Schlacht wurde er im 19. Jahrhundert angelegt. Ganz am Anfang der gleichnamigen Straße befindet sich auch ein Biergarten. Der **WATERLOO Biergarten** (Water-loostr. 1) ist großzügig bepflanzt und wirkt trotz seiner 1.500 Plätze richtig gemütlich. Wer Dich also im Sommer besuchen kommt, hat Glück und kann Dir hier mit einem kühlen Blonden vom Fass zuprosten. Einen leckeren Imbiss zum Bier gibt's natürlich auch. www.waterloo-biergarten.de

Von hier aus unterquert ihr den direkt anschließenden Friederiken-platz und landet ein paar Meter weiter in nordöstlicher Richtung an der **Markthalle** (Karmarschstr. 49). Hier findet ihr alles Mögliche fürs leibliche Wohl. Bei der Fülle an Marktständen kannst Du direkt vor Ort zum günstigen Preis eine der vielen verschiedenen Köstlich-keiten zu Dir nehmen oder Deinen häuslichen Vorrat mal wieder aufstocken, damit es Deinem Besuch bei Dir auch richtig gut geht. Der nüchterne, zweckmäßige Bau wurde übrigens 1954 errichtet, nachdem die schöne historische Markthalle bei einem Luftangriff im Zweiten Weltkrieg zerstört worden war. www.markthalle-in-hannover.de

Der älteste Profanbau der Stadt befindet sich direkt gegenüber der Markthalle. Das **Alte Rathaus** (Karmarschstr. 42) heißt nicht nur so,

Hannover   endlich   Hannover

endlich   endlich

//166 Besuch? Tourikram ...

Besuch
Touris
Eltern
aufräumen
Sightseeing

es ist auch ganz schön alt. Es wurde schon 1410 erbaut und ist ein Paradebeispiel für die norddeutsche Backsteingotik. Das hübsche rötliche Gebäude war bis 1863 Hannovers Rathaus und beherbergt heute noch das Standesamt – Du wirst also öfter mal aufgedonnerte Hochzeitspaare und –gäste hier sehen, die sich vor dem Eingang ablichten lassen.

Nur wenige Meter entfernt vom Alten Rathaus und mitten im Zentrum der Altstadt stehst Du vor der imposanten **Marktkirche St. Georgii et Jacobi** (Hanns-Lilje-Platz 2). Im 14. Jahrhundert wurde sie errichtet und war damals noch das Zentrum der gesamten Stadt. Nach ihrer Zerstörung im Zweiten Weltkrieg hat man sie 1954 im historischen Stil wieder aufgebaut. Seit 1925 ist die Marktkirche die bischöfliche Predigtkirche der Evangelisch-lutherischen Landeskirche Hannovers. Falls Du mal Lust af Orgelmusik verpüren solltest – Du kannst Dir hier regelmäßig Werke von Bach anhören.

Nach dieser geballten Ladung Hannover ist euch bestimmt danach, eine Pause einzulegen und einzukehren. In der Altstadt gibt es dazu einige sehr verlockende Möglichkeiten. Die **Bar Celona** (Knochenhauerstr. 42) direkt um die Ecke z.B. ist ein echter Allrounder. Sowohl für die kurze Kaffeepause als auch für ein leckeres Mittag- oder Abendessen in mediterraner Atmosphäre habt ihr hier den perfekten Standort. <u>www.cafe-bar-celona.de</u> --> Hannover

Energiehaushalt wieder in Ordnung gebracht? Dann seid ihr sicher bereit und motiviert, die letzte Station des Stadtrundgangs

anzupeilen. Ihr bewegt euch durch die Knochenhauerstraße über den Marstall und die Reitwallstraße auf den Steintorplatz zu. Dort befindet sich auch der **Steintorkiez**, in dem übrigens Hannovers Rotlichtviertel zu finden ist. Der weitläufige Platz wurde nach dem nördlichen Stadttor des mittelalterlichen Hannover benannt und verbindet die Innenstadt mit den Randbezirken. Am Tag noch relativ unscheinbar, mutiert die Ecke abends zu einem echten Szeneviertel für Feierwütige fast jeden Alters.

Wenn es schon auf den Abend zugeht, ihr aber noch nicht müde genug seid, um euch auf den Heimweg zu machen, seid ihr hier genau richtig, um ordentlich zu versacken. Falls das Verlangen nach der heimischen Couch stärker sein sollte, geht ihr einfach zurück zum Kröpcke, den ihr ja bereits ganz gut kennt. Über die Georgstraße macht das besonders großen Spaß, denn hier seid ihr auf der Haupteinkaufsmeile der Stadt und könnt noch mal nach Herzenslust ein bisschen Geld auf den Kopf hauen.

Zwei weitere Sightseeing-Perlen, die Hannover zu bieten hat, lassen sich in den Innenstadtbesuch leider nicht integrieren. Je nachdem wie lange Dein Besuch bleibt, solltest Du vielleicht eine zweite Tour einplanen und die **Herrenhäuser Gärten** (Herrenhäuser Str. 4) und den **Zoo** (Adenauerallee 3) noch präsentieren. Diese liegen etwas außerhalb und sind deswegen zu Fuß nicht so gut zu erreichen. Aber 10 Minuten mit der Stadtbahn – entweder mit der Nummer 4 oder 5 zu den Gärten oder mit der 11 zum Zoo – und schon seid ihr da! Ein bisschen Zeit solltet ihr dafür unbedingt mitbringen. www.hannover.de   www.zoo-hannover.de

--> Die Herrenhäuser
Gärten

Konzert
Konzert
Konzert
Konzert
Konzert
Konzert
Klassik
endlich
Klassik
Klassik
Klas
Konzer
Poetry-Slam
Kinosessel
Poet
Theater
Poet
-Slam
Poetry-Slam
K-Slam
Konz
Poetry
Konzert
Poetry-Slam

Konzert Kinosessel
Klassik
Theater
Poetry-Slam

Die Landeshauptstadt Niedersachsens steht noch immer in dem Ruf, ziemlich trist, grau und langweilig zu sein, doch Hannover hat mehr zu bieten als man denkt – vorausgesetzt, man weiß, wo man suchen muss. Die Stadt ist also keinesfalls kulturelles Ödland, auch wenn es Besuchern aus Hamburg oder Berlin manchmal so erscheinen mag. Durch seine Übersichtlichkeit und die gute Nahverkehrsanbindung kann man sich in Hannover an einem Abend sogar an mehreren Orten geistige Anregung verschaffen. Aber probier es doch einfach selbst aus und beginne Deinen kulturellen Streifzug zum Beispiel ganz klassisch im Kino.

Kino

Die zwei großen Kinos in Hannover gehören zur **Cinemaxx-Kette** (Raschplatz 6 und Nikolaistr. 8). Beide liefern das übliche Hollywoodprogramm inklusive Schnickschnack wie Sneak Preview, Ladies Night und 3D. So viel Kommerzkino hat dann aber auch seinen Preis. Mit Überlängenzuschlag, Logenplatz und all den anderen Extras musst Du für einen einzigen Kinobesuch schon mal um die 10 Euro berappen – ohne Popcorn, versteht sich.
www.cinemaxx.de --> Hannover

Günstiger und etwas familiärer geht es in den kleineren Kinos zu, die auch Kunstfilme, Dokus und fremdsprachige Werke im Programm haben. Da wäre zuerst einmal das **Kino am Raschplatz** (Raschplatz 5), das direkt hinter Hannovers Hauptbahnhof und gegenüber dem Cinemaxx liegt. Nach einer umfangreichen Modernisierung wurde es 2010 neu eröffnet.

Es verfügt über vier Säle mit vielversprechenden Namen wie „Hollywood" oder „Graffiti", der größte bietet Platz für 160 Zuschauer. Das Programm ist ein bunter Mix aus europäischen Filmen im Original mit Untertiteln, Dokumentationen, Musikfilmen, deutschen

Produktionen und Kinderfilmen. Immer wieder gibt es auch Veranstaltungen, bei denen Du im Anschluss an die Vorführung mit Regisseuren und Schauspielern diskutieren kannst. Dienstags ist übrigens Kinotag, da kostet der Eintritt nur 5,50 Euro.
www.kinoamraschplatz.de

Nicht weit vom Raschplatz liegen am Steintor die **Hochhaus-Lichtspiele Hannover** (Goseriede 9) ganz oben im berühmten Anzeigerhochhaus. Sportliche steigen die Treppen hoch, alle anderen fahren mit dem Fahrstuhl. Der einzige Kinosaal befindet sich oberhalb des achten Stockwerks, wo früher einmal das Planetarium war, und ist damit der höchstgelegene Kinosaal Deutschlands. Besonders berühmt ist das Hochhaus für die regelmäßigen Matineen, die typischerweise sonntags um 11.00 Uhr stattfinden und in denen sowohl Klassiker als auch moderne und fast vergessene Filme gezeigt werden. Auch hier ist dienstags Kinotag mit ermäßigten Preisen. www.hochhaus-lichtspiele.de

Das dritte hannoversche Filmkunstkino ist das **Apollo** (Limmerstr. 50) in Linden. Es ist eines der ältesten Kinos Deutschlands und verfügt nicht nur über eine lange Geschichte voller Tradition, sondern auch über einen wunderschönen Saal mit Stuck an der Decke und seit einiger Zeit sogar mit bequemen Kinosesseln.

Das Kino in bester Lage an der Limmerstraße besticht sowohl durch sein außergewöhnliches Ambiente, als auch durch das ausgewählte Programm. Hollywoodstreifen werden meist mit etwas Verzögerung gezeigt, wenn Du also den neuesten Blockbuster im Multiplexkino verpasst hast, bist Du im Apollo immer noch rechtzeitig dran. Zudem gibt es unzählige Specials, die von Filmnächten über Festivals und OmU-Wochen bis hin zu Livemusik zum Film reichen.

Außerdem gastiert hier regelmäßig „DESiMOs Spezial Club", eine bunte Reihe von Comedy, Kabarett und Kleinkunst-Acts. Im Apollo ist also garantiert für jeden etwas dabei, und das zu günstigen Preisen. Schau also unbedingt mal rein. www.apollokino.de

Das **Kino im Künstlerhaus/KoKi** (Sophienstr. 2) zeigt eher Dokumentationen als Hollywoodfilme, hat aber auch anspruchsvolle Spielfilme im Programm, die zum Teil im Original mit Untertiteln zu sehen sind. Häufig gibt es dazu fachkundige Einführungen oder anschließende Filmgespräche. Ein besonderes Highlight ist der

regelmäßig stattfindende Kinobrunch am Sonntag, bei dem Du im schicken Foyer des Künstlerhauses frühstücken kannst, bevor Du Dir den Film ansiehst. Die Tickets für den Kino-Brunch kosten 19,90 Euro und Du solltest unbedingt vorbestellen, weil sie sehr schnell ausverkauft sind.

www.koki-hannover.de

Kino in unkonventioneller Umgebung bietet das **Kino im SofaLoft** (Jordanstr. 26). Hierbei handelt es sich um einen Möbelladen der besonderen Art, der sich außerdem zum Ziel gesetzt hat, Raum für Kultur zu schaffen. Im Kino im SofaLoft werden jeden Donnerstag ausgewählte Filme gezeigt: Das kann mal ein alter James Bond, ein Klassiker oder auch aktuellerer Film sein. Für 4 Euro bist Du dabei. Und samstags gibt's hier ab 15.00 Uhr Kinderkino! s. auch S. 181
www.sofaloft.de   --> Kino im SofaLoft

Auch in der Uni gibt es einen Kinotag. Im Audimax des Uni-Hauptgebäudes (Welfengarten 1) findet jeden Dienstag im Semester um 20.00 Uhr das **Uni-Kino** statt. Hier kannst Du echten Filmgenuss erleben, ohne gleich Dein Sparschwein schlachten zu müssen. Der

Clubbeitrag kostet einmalig 50 Cent und dann jede Vorstellung nur noch 1,50 Euro. Für ein Double Feature mit zwei Filmen hintereinander musst Du auch nur läppische 2,50 Euro berappen. Alles, was Du sonst noch wissen musst, sowie das aktuelle Programm findest Du hier: www.unikino-hannover.de

Open-air-Kino/Festivals

Seit einigen Jahren schon findet in Hannover das **Seh-Fest** statt – und hat sich zu einer echten Institution entwickelt. Von Mitte Juli bis Mitte August werden auf der Gilde-Parkbühne unter freiem Himmel Filme gezeigt. Die meisten davon sind aktuelle Hollywoodstreifen, es ist aber auch immer mindestens ein Kinderfilm und ein Klassiker wie „Casablanca" dabei. Die Karten kosten an der Abendkasse 5 Euro. Der Einlass beginnt immer um 20.00 Uhr und es empfiehlt sich, pünktlich zu sein, denn auf der großen Wiese musst Du Dir schnell einen guten Platz sichern.

Besonders beliebt sind die Strandmuscheln, in die Du Dich mit Deinem Partner zürückziehen kannst. Um es aber ganz sicher bequem zu haben, solltest Du auf jeden Fall eine Decke oder auch einen Klappstuhl mitbringen. Essbares und Getränke gibt es vor Ort, viel schöner ist es aber, sich seinen eigenen kleinen Picknickkorb zu packen, das ist nämlich ausdrücklich erlaubt. Der Film beginnt dann gegen 21.30 Uhr oder mit Einbruch der Dunkelheit.
www.seh-fest.de

Hannover
endlich

Hannover
endlich

ndlich   endlich

Es gibt in Hannover keine großen, weltbekannten Filmfestivals, aber doch seit einiger Zeit mehr und mehr kleine, exklusive. Da ist z.B. das **Perlen Filmfest**. Es handelt sich dabei um ein Queer-Filmfestival, das alljährlich interessante Filme über Liebe, Sex und Identität zeigt und bei dem das Publikum die „Goldene Perle" an den besten Kurz- und Langfilm verleiht. Nicht nur schwule oder lesbische Zuschauer sind hier erwünscht, sondern absolut jeder ist willkommen. Das Perlen Filmfest findet im Kino des Künstlerhauses (Sophienstr. 2) statt. www.filmfest-perlen.de

Das **Up-and-coming Filmfestival**, das alle zwei Jahre in Hannover veranstaltet wird, ist ein internationaler Wettbewerb für junge Leute, bei dem der Deutsche Nachwuchsfilmpreis an herausragende Talente vergeben wird. Im Rahmen des viertägigen Festivals kannst Du die ersten Beiträge internationaler Nachwuchsregisseure bewundern, aus denen später vielleicht einmal Oscarpreisträger werden. Näheres unter:

www.up-and-coming.de

Theater

Zum Staatsschauspiel Hannover gehört u.a. das **Schauspielhaus** (Prinzenstr. 9) am Thielenplatz. Hier gibt es modernes Regietheater – das bedeutet häufig viel nackte Haut, Kunstblut und Videoprojektionen.

Die Preise reichen von 13 Euro für einen gewöhnlichen Platz bis hin zu 39 Euro für Premierenkarten mit bester Sicht. Für Schüler und Studenten gibt es aber Ermäßigungen. Diese zahlen zwischen

7,80 Euro und 11,30 Euro für eine Karte. Dafür wird dann auch reichlich Action geboten – vergiss also nicht, in der ersten Reihe ein Regencape überzuziehen ...

Hinter dem Schauspielhaus und über den Hof zu erreichen ist die **Cumberlandsche Bühne** (Prinzenstr. 9). Im Saal für etwa 200 Zuschauer werden überwiegend zeitgenössische Stücke gespielt. Im selben Gebäude gibt es auch noch eine weitere Spielstätte – die **Cumberlandsche Galerie** im Treppenhaus. Hier erwarten Dich verschnörkelte Säulen, eine gusseiserne Treppe, die über 100 Jahre alt ist, Erker und Rundbogenfenster. Die Akustik ist toll und die kleine Bar im Erdgeschoss bietet Erfrischungen an. Freitags finden hier Partys statt, so dass man die außergewöhnliche Location auch erleben kann, ohne gleich einen Theaterabend verbringen zu müssen.

Die Eintrittpreise für die Cumberlandsche Bühne und die Galerie sind etwas niedriger als im Schauspielhaus, außerdem ist es unter der Woche günstiger als am Wochenende. Auch hier gibt's Studentenermäßigung.

Ebenfalls zum Staatsschauspiel Hannover gehören die Spielstätten **Ballhof I** (Ballhofplatz 5) und **Ballhof II** (Knochenhauerstr. 28), die im Herzen der Altstadt liegen. Hier hat das „Junge Schauspiel Hannover" ein Zuhause gefunden. Wer Lust hat, kann sogar mitmachen, bei verschiedenen Workshops lernen, wie Theater entsteht und mit etwas Glück später selbst auf der Bühne stehen. Die Preise für Zuschauer liegen zwischen 16 und 22 Euro.

Mehr Infos zu allen fünf Bühnen gibt es unter:
www.schauspielhannover.de

Freie Bühnen und Laientheater

Eines der wichtigsten freien Theater in Hannover ist das **Theater in der List** (Spichernstr. 13), das aus einer Theatergruppe mit wechselnden Spielorten hervorging und seit 2007 in einem ehemaligen Supermarktgebäude in der Spichernstraße beheimatet ist. Hier werden Stücke für Kinder und Erwachsene gespielt, es gibt Gastspiele und Eigenproduktionen. An jedem dritten Sonntag im Monat um 11.00 Uhr findet außerdem eine Matinee mit Literatur, musikalischer Untermalung und Frühstücksbuffet statt.
www.theater-in-der-list.de

In der Südstadt hat der Verein Flunderboll e.V. mit der **Hinterbühne** (Hildesheimer Str. 39a) eine schnuckelige Spielstätte eröffnet, die vielen Künstlern ein Podium bietet, um ihr Können vor bis zu 80 Zuschauern zu präsentieren. Die Tickets kosten zwischen 8 und 12 Euro.
www.die-hinterbuehne.de

Seit Kurzem tritt auch eine ganz besondere Truppe auf der Hinterbühne auf: die **Englische Theatergruppe der Leibniz Uni Hannover**. Hier spielen Studenten aller Fachrichtungen moderne oder klassische Stücke auf Englisch. Die Aufführungen finden immer in der letzten Semesterwoche statt und wer an der Uni studiert, ist auch herzlich eingeladen, selbst mitzumachen.
www.engsem.uni-hannover.de   --> Theatre Group

Ein unvergleichlicher Anblick bietet sich den Hannoveranern im Sommer im **Gartentheater Herrenhausen** (Herrenhäuser Str. 4). Regelmäßig werden hier unter freiem Himmel musikalische Bear-

beitungen bekannter Stücke aufgeführt – ein Erlebnis, das Du Dir nicht entgehen lassen solltest. Allerdings musst Du unbedingt Karten reservieren, denn die Tickets sind begehrt, besonders wenn wieder „Ein Sommernachtstraum" auf dem Programm steht ...
www.shakespeare-herrenhausen.de

Improtheater

Das etwas andere Theatererlebnis wartet bei einer Aufführung einer der zahlreichen Improtheatergruppen, die in Hannover ihr Unwesen treiben. Bekannte Gruppen sind zum Beispiel die **Improkokken** oder das Improvisationstheater **Hannover 98**, die häufig im Veranstaltungszentrum Faust e.V. zu Gast sind. Genauso wenig auslassen solltest Du den Theatersport, bei dem verschiedene Theatergruppen in einem nervenaufreibenden Wettkampf gegeneinander antreten.

Auch vom Publikum ist hier voller Einsatz gefordert, denn die Schauspieler müssen auf Zuruf losimprovisieren, dass sich die Bühnenbalken biegen. Schau einfach mal im Internet nach, wann das nächste Event stattfindet und dann kannst Du Dir selbst ein Urteil bilden, welche von Hannovers Improgruppen die schnellste und beste ist. www.improkokken.de   www.hannover98.de

Hannover
endlich
Hannover
endlich
endlich
endlich

Zirkus/Varieté

Wenn Du nicht so auf klassisches Theater stehst, solltest Du vielleicht mal im **GOP** (Georgstr. 36) vorbeischauen, das einen bunten Mix aus Varieté, Comedy und Artistik anbietet. Das GOP kann auf eine lange Tradition zurückblicken. Es entstand im Jahr 1912 als

Geschäftshaus (Georgspalast). Das dazugehörige Café-Restaurant Gondel präsentierte erstklassige Jazzmusik und nach und nach zog das GOP dann Künstler aller Art an: Sänger, Schauspieler und Musiker tobten sich auf seiner Bühne aus. Hier waren unter anderem Paul Hörbiger, Gert Fröbe und Zarah Leander zu Gast.

1962 musste das GOP wegen sinkender Besucherzahlen schließen, um dann 30 Jahre später wiederzueröffnen. Heute kannst Du hier tolles Varieté genießen. Newcomer und etablierte Stars geben einander die Klinke in die Hand und zusätzlich kannst Du Dich im Restaurant Gondel kulinarisch verwöhnen lassen. Schüler und Studenten zahlen zwischen 15 und 20 Euro, alle anderen bis 39 Euro, allerdings ohne Verpflegung. www.variete.de

--> Spielorte --> Hannover

Museen

Wenn Dir das ganze Theater noch nicht genug Kultur war, dann kannst Du natürlich auch mal eins der Museen besuchen, von denen es in Hannover reichlich gibt. Für Natur und Völkerkunde ist das **Niedersächsische Landesmuseum** (Willy-Brandt-Allee 5) zuständig. Hier kannst Du Dir alles über Fossilien, Menschen und

Münzen erzählen lassen und wenn Du willst, gibt es den Audioguide sogar auf Plattdeutsch. Nicht verpassen solltest Du den „roten Franz", eine gut erhaltene Moorleiche mit roten Haaren.
www.landesmuseum-hannover.niedersachsen.de

Wenn Du wissen willst, wie Deine neue Heimatstadt entstanden ist und wie die Menschen hier früher gelebt haben, solltest Du ins **Historische Museum** (Pferdestr. 6) gehen, das am hohen Ufer der Leine liegt. Daher stammt übrigens der Name Hannover, der sich aus den niederdeutschen Wörtern „hohen" (hoch) und „over" (Ufer) zusammensetzt.

Das Gebäude ist von außen nicht besonders sehenswert, aber drinnen wird's dann umso spannender: Anhand von Alltagsgegenständen, Klamotten, Fortbewegungsmitteln, Geräten aller Art und vielem mehr kannst Du nachvollziehen, wie Arm und Reich in den vergangenen Jahrhunderten in Hannover gelebt haben. Der direkt ans Museum anschließende Beginenturm aus dem 14. Jahrhundert wurde übrigens 2013 liebevoll restauriert und ist inzwischen wieder für Besucher geöffnet.
www.hannover-museum.de

Bei einem Rundgang durch Hannover kommst Du auf jeden Fall auch am **Museum August Kestner** (Trammplatz 3) vorbei. Es liegt direkt neben dem Rathaus, warum also nicht einfach mal reinschauen? Das kulturhistorische Museum mit den Bereichen Antike, ägyptische Kulturen, angewandte Kunst und Design sowie einer wertvollen Münzsammlung zeigt zudem wechselnde Ausstellungen. Dann kann es sich auch schon mal um Ernährung, Keramik, Archäologie oder Kunsthandwerk drehen. www.kestner-museum.de

Moderne Kunst und interessante Wechselausstellungen findest Du im **Sprengel-Museum** (Kurt-Schwitters-Platz). Hier sind auch das Archiv des hannoverschen Künstlers Kurt Schwitters und eine große Abteilung für Fotografie untergebracht.
www.sprengel-museum.de

Nicht nur von innen schön, sondern auch malerisch gelegen ist das **Wilhelm Busch – Deutsches Museum für Karikatur und Zeichenkunst** (Georgengarten). Das Museum beherbergt neben Max und Moritz auch wechselnde Ausstellungen internationaler Künstler und zudem ein gemütliches Café, in dem man nach dem anstrengenden Kulturprogramm am besten draußen im Garten ausruht. Der Eintritt kostet 4,50 Euro oder 2,50 Euro ermäßigt.
www.wilhelm-busch-museum.de

Wenn Du **WoK** (Spichernstr. 22) hörst, denkst Du wahrscheinlich im ersten Moment an eine große Pfanne, in der im China-Imbiss gebratene Nudeln zubereitet werden, doch in Hannover kann man darunter auch noch etwas anderes verstehen.

Das Wok, die „World Of Kitchen", ist Hannovers Küchenmuseum und einzigartig in Europa. Ein Besuch wird nicht nur zum Augen-,

sondern auch zum Gaumenschmaus, denn neben den bemerkens-
werten Exponaten aus aller Welt gibt es Kochkurse, bei denen allerhand ausprobiert werden darf.

Im angrenzenden Schlosscafé kannst Du natürlich vortrefflich speisen und dabei das Ambiente einer herrschaftlichen Schlossküche
genießen. Du solltest unbedingt eine Führung buchen und Dich
über besondere Veranstaltungen informieren, denn bei all den
schönen Küchen bekommst Du garantiert Appetit auf mehr.
www.wok-museum.de

Im Landesmuseum, im Historischen Museum, im kestner-Museum und im Sprengel-Museum musst Du übrigens am Freitag keinen Eintritt bezahlen. Auch ins Landesmuseum kommst Du freitags ab 14.00 Uhr umsonst rein.

Und, wer hätte das gedacht – auch Deine Museumstour kannst Du
im Möbelladen fortführen. Denn im **SofaLoft** gibt's nicht nur Kino!
In der ehemaligen Porzellanfabrik findet sich auch Raum für Theater, Kleinkunst und monatlich wechselnde Ausstellungen. Schau
mal rein, vielleicht hängt dort gerade etwas nach Deinem
Geschmack in Aquarell oder Acryl oder eine Ateliergemeinschaft
stellt gerade ihre Werke vor.

Auch wenn Du auf der Suche nach einem Designeressel für die WG-
Küche bist, sollte Dein Weg Dich zum SofaLoft führen, denn dort

kannst Du beim Shoppen gleich noch den stilvollen Individualisten rauskehren. Weil die Möbel oft Einzelstücke sind, hast Du vielleicht auch Glück und ergatterst ein richtiges Schnäppchen. Und wenn Du in der Lounge noch einen Kaffee einnimmst, dient das gleich einem guten Zweck! www.sofaloft.de

Du bist selbst kreativ, machst schöne Fotos und möchtest jetzt Deine Werke der Allgemeinheit präsentieren? Oder Du interessierst Dich dafür, was andere junge Künstler so machen? Dann bist Du in der **Kaffeebar Rossi** (Weidestr. 6) in Limmer richtig. In den lichtdurchfluteten Räumen des Cafés gibt es viel Platz, um tolle Fotografien von Nachwuchskünstlern auszustellen und auch wenn Du nicht so kreativ bist, lohnt sich ein Besuch, denn alle Kuchen und Quiches sind hausgemacht und garantiert einzigartig. www.kaffeebar-rossi.de

Konzerte

Hannover ist bestimmt kein Mekka für Konzertliebhaber, aber wenn Du Dich ein bisschen umhörst, kannst Du auch hier richtig gute Livemusik erleben.

Falls sich aus Versehen mal einer von den ganz großen Stars in die Stadt verirrt, dann ist die Wahrscheinlichkeit ziemlich hoch, dass Du sie oder ihn in einer der beiden großen Konzerthallen zu sehen bekommst. Für die richtig großen Ereignisse sind die **SwissLife Hall**

(Ferdinand-Wilhelm-Fricke-Weg 8) am Maschsee und die **TUI-Arena** (EXPO-Plaza 7) am EXPO-Gelände zuständig. Die großen Open-Air-Konzerte werden häufig auf der **Gilde Parkbühne** veranstaltet. Sie befindet sich direkt neben der SwissLife Hall und ist der Ort, an dem auch das Seh-Fest stattfindet. Eine Nummer kleiner geht es dann im **CAPITOL** (Schwarzer Bär 2) in Linden-Mitte zu, das allerdings mit ca. 2000 qm und Platz für bis zu 1600 Personen immer noch als einigermaßen geräumig zu bezeichnen ist.

www.swisslife-hall.de   www.tui-arena.de
www.capitol-hannover.de   www.hannover-concerts.de --> Die Parkbühne

Die besten Adressen für den Besuch eines klassischen Konzerts sind wahrscheinlich die zwei Sendesäle des **Landesfunkhauses** (Rudolf-von-Bennigsen-Ufer 22). Der große Saal, dem man die Form einer riesigen Bassgeige gegeben hat, ist die Heimat der NDR Radiophilharmonie. Internationale Stars der Klassikszene gastieren hier immer wieder, aber auch Rock- oder Jazzkonzerte sind hier keine Seltenheit. Die Tickets kosten meist ab 20 Euro aufwärts.

www.ndr.de --> NDR Radiophilharmonie

Hannover ist überregional als Zentrum für gute Jazzmusik bekannt, daher gibt es für echte Fans auch jede Menge Adressen, um diese zu erleben. Die wichtigste ist, wie könnte es auch anders sein, der **JazzClub** (Am Lindener Berge 38). Jeweils montags und freitags ab 20.30 Uhr trifft sich hier, was Rang und Namen in der Jazz-Szene hat oder auf dem besten Weg dahin ist. Neben den etablierten Künstlern bietet der JazzClub nämlich auch dem Nachwuchs ein Podium. Im gemütlichen Keller kann man den Musikern ganz nah sein, im Sommer finden auch Konzerte draußen im Garten statt.

www.jazz-club.de

Etwas bodenständiger und rockiger geht es in der **Blues Garage** Isernhagen (Industriestr. 3-5) zu, die wegen ihrer Lage außerhalb Hannovers am besten mit dem Auto zu erreichen ist. Mit dem Zug geht's natürlich auch. Das Publikum hier ist bunt gemischt und tendenziell etwas älter. Die Musik reicht von Rock-Covern über Blues bis hin zu Folk und Country. Schüler und Studenten bekommen satte 5 Euro Rabatt auf den Eintrittspreis. www.bluesgarage.de

Auch der **kulturpalast linden** (Deisterstr. 24) ist Jazzbegeisterten immer wieder eine Reise wert. Hier ist jeden Mittwoch „Wattentag", das bedeutet nichts anderes, als dass die Jazzband Watten ihren wöchentlichen Auftritt hat. Und jeden 2. Donnertag im Monat finden im Kulturpalast legendäre Jazzsessions statt.
www.kulturpalast-hannover.de

Die Bar **marlene** ist ein edler und stylisher Laden, von dem man das Gefühl hat, man hätte ihn schon in Filmen gesehen. Die schummrige Atmosphäre ist perfekt für einen gediegenen Jazzabend. Auch hier gib's regelmäßig Sessions. www.marlene-hannover.de

Das **Legro** in Frankenhagen (Frankenring 7) ist ungefähr sieben Kilometer von Hannover weg und bietet ein überraschendes Sortiment. Eigentlich handelt es sich bei ihm um einen italienischen Wein- und Feinkostladen. Hin und wieder aber ertönt zwischen grünen Oliven, sündhaft lecker gefüllter Pasta und schweren Chiantis Jazz vom Feinsten! www.legro.de

Literatur

Wenn Du gerne liest, über Literatur redest oder Dir vorlesen lässt, hast Du dazu in Hannover jede Menge Gelegenheit. Da gibt es z.B. das **Literaturhaus** (Sophienstr. 2), auch Literaturbüro oder Literaturetage genannt. Neben den üblichen Lesungen, die hier in regelmäßigen Abständen stattfinden, wird auch die „BuchLust" veranstaltet, eine kleine Messe für Verleger aus der Region.
www.literaturhaus-hannover.de

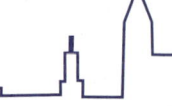

Theater
Kinosessel
Klassik
Konzert
Poetry-Slam
//185

Ein besonderes Erlebnis ist der **Literarische Salon Hannover** (Königsworther Platz 1), der, von ehemaligen Studenten gegründet, im 14. Stock des Conti-Hochhauses sein Zuhause gefunden hat. Nicht nur Lesungen, auch Vorträge und Diskussionen zu aktuellen Themen gehören hier zum Veranstaltungsprogramm.

Allein der Ausblick aus den Panoramafenstern ist aber schon einen Besuch wert. Hier kann man in angenehmer Atmosphäre plaudern, ein Bier trinken und mit den teils hochkarätigen Gästen ins Gespräch kommen. Der Eintritt kostet zwischen 5 und 9 Euro, für Studenten aber nie mehr als 5 Euro. www.literarischer-salon.de

s. auch „Feiern", S. 139

Der literarische Nachwuchs präsentiert sein Können beim **Poetry-Slam**, der in Hannover regelmäßig an verschiedenen Orten stattfindet. Ein wichtiges Event ist der „Macht Worte"-Kontest in der Faust. Des Öfteren fand dieser Wettbewerb mit Teilnehmern aus Deutschland, Österreich und der Schweiz sogar vor großem Publikum in der Staatsoper Hannover (Opernplatz 1) statt. Es gibt aber auch viele kleinere Veranstaltungen, bei denen Du Dich mal selbst als Slammer versuchen kannst. Geslammt wird in Hannover hier:

3Raum Club im Ballhof (Ballhofstr. 5), www.3raum-ballhof.de

Kulturzentrum Faust (Zur Bettfedernfabrik 3), www.faustev.de

Foyer im Conti-Campus (Königsworther Platz 1)

Freizeitheim Vahrenwald (Vahrenwalder Str. 82), www.fzh-vahrenwald.de

Augusten 1 (Augustenstr. 1)

Das **Kaminzimmer im Sofa-Loft** (Jordanstr. 26), www.daskaminzimmer-hannover.de

Wilhelm-Busch-Museum (Georgengarten), www.karikatur-museum.de

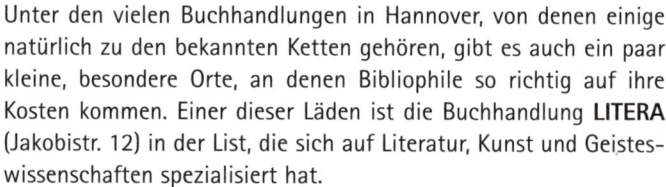

Konzert Kinosessel
Klassik
Theater
Poetry-Slam

Ein besonderes Schmankerl für Leseratten im Norden ist von Oktober bis Februar die **Literatour Nord**, eine Lesereihe mit Stationen in Oldenburg, Bremen, Lübeck, Rostock, Lüneburg und natürlich Hannover. Dabei stellen bekannte und etablierte Gegenwartsautoren ihre neuesten Werke vor und das Publikum, das bei den Lesungen dabei ist, darf am Ende mit darüber abstimmen, wer den Preis der Literatour Nord mit nach Hause nehmen darf.

Die Preisträger waren z.B. W. G. Seebald, Wilhelm Genazino oder Jenny Erpenbeck. In Hannover finden die Lesungen für gewöhnlich im Literaturhaus statt oder in Lehmanns Buchhandlung (Georgstr. 10). Der Eintritt kostet jeweils 7 Euro und ermäßigt 5 Euro. Alle Termine und Infos zu den AutorInnen findest Du hier: www.literatournord.de   www.literaturhaus-hannover.de

Unter den vielen Buchhandlungen in Hannover, von denen einige natürlich zu den bekannten Ketten gehören, gibt es auch ein paar kleine, besondere Orte, an denen Bibliophile so richtig auf ihre Kosten kommen. Einer dieser Läden ist die Buchhandlung **LITERA** (Jakobistr. 12) in der List, die sich auf Literatur, Kunst und Geisteswissenschaften spezialisiert hat.

Die Inhaberin legt besonderen Wert auf die persönliche Beratung ihrer Kunden und wird garantiert auch für Dich genau das richtige Buch finden. Aus diesem Grund wurde LITERA auch 2005 mit dem Niedersächsischen Buchhandelspreis ausgezeichnet. In Zeiten von E-Books und Amazon solltest Du lieber schnell vorbeischauen, denn wer weiß, wie lange es noch richtige, echte Bücher zum Anfassen gibt? www.litera-hannover.de

Als Student oder Auszubildender schwimmst Du vielleicht nicht unbedingt im Geld, also empfiehlt es sich, nicht jedes Buch zu kaufen, das Du mal lesen möchtest. Zum Glück gibt es immer noch die guten, alten **Stadtbibliotheken**. Der Hauptsitz der hannoverschen

Theater   Konzert
Kinosessel   Klassik
Poetry-Slam   //187

Stadtbibliothek ist in der Südstadt (Hildesheimer Str. 12). Davon abgesehen gibt es auch noch fast 20 weitere Standorte, die zwar keine ganz so große Auswahl haben, aber immer noch jede Menge Lesestoff bieten. Neben Büchern findest Du dort Tageszeitungen, DVDs, CDs oder Zeitschriften. Da hast Du den Jahresbeitrag von 20 Euro bzw. 10 Euro für Studenten und Auszubildende schnell wieder raus. www.stadtbibliothek-hannover.de

Festivals

Das **BootBooHook** ist ein Musikfestival im Sommer, das mittlerweile auch weit über die Grenzen Hannovers hinaus bekannt ist. Hier traten schon namhafte Bands auf, wie z.B. Tocotronic oder The Whitest Boy Alive. In seinen Anfängen fand das BootBooHook noch auf dem Gelände der Faust e.V. in Linden statt, doch weil es so großen Zuspruch fand, wurde es 2012 das erste Mal auf einem größeren Gelände am Kronsberg veranstaltet und soll dort wohl auch in Zukunft seine Zelte aufschlagen. Mit bis zu 15.000 Besuchern lässt es sich schon zu den größeren Festivals zählen. Es dauert zwei bis drei Tage und im Ticketpreis ist der Campingplatz sowie das Bus- und Bahnticket für den hannoverschen Nahverkehr enthalten.

Für die gesamte Zeit kostet der Eintritt um die 60 Euro und ist somit verhältnismäßig günstig. Wenn Du in Hannover wohnst, kannst Du Dir natürlich auch ein Ticket für einen einzelnen Tag besorgen, um Deine Lieblingsband zu sehen. Allerdings verpasst Du dann das ganz spezielle Festivalfeeling inklusive Bier und Dosenravioli zum Frühstück. Mehr Infos und Karten gibt's unter: www.bootboohook.com

Das **Fährmannsfest**, auch bekannt als „kleines Woodstock von Hannover", gibt es schon seit fast 30 Jahren. Dementsprechend groß ist auch der Kultstatus dieses einzigartigen Festivals, das man

Konzert Kinosessel
Klassik
Theater
Poetry-Slam

auf keinen Fall verpassen darf. Am ersten Wochenende im August feiern Lindener und andere Hannoveraner am Ufer der Ihme einträchtig ihre Stadt und ihr Viertel mit Musik, Kunst, Tanz und leckerem Essen.

Was das Fährmannsfest so besonders macht, ist nicht nur der Mix aus allen möglichen Musikrichtungen, bei dem für wirklich jeden etwas dabei ist, sondern auch die ganz spezielle Atmosphäre, die an diesem Wochenende in Hannover herrscht. Durch sie entstand auch der Spitzname des Festivals.

Ein großer Teil des Geländes ist kostenlos zugänglich, hier finden auch Veranstaltungen für Kinder statt. Nur für den Bereich der Musikbühnen wird mittlerweile ein kleines Eintrittsgeld erhoben. www.faehrmannsfest.de

Wenn Du am liebsten der Musik aus dem Radio zuhörst und Pop für Dich kein Schimpfwort ist, dann könnte Dir die alljährliche **N-joy Starshow** auf der EXPO-Plaza gefallen. Unter freiem Himmel treten hier gleich mehrere Popstars hintereinander auf – das Publikum ist dabei gern auch mal etwas jünger. Die Tickets sind mit ca. 30 Euro pro Nase relativ günstig, dafür solltest Du sie Dir aber im Vorverkauf sichern.

Ein schönes Highlight ist der Eröffnungsauftritt der Starshow, bei dem eine Nachwuchsband aus Norddeutschland sich das erste Mal vor einem großen Publikum präsentieren darf. Vielleicht bist Du ja sogar selbst Teil einer Band und möchtest am Battle of the Bands-

Wettbewerb teilnehmen? Informier Dich, welche Künstler auftreten und wie Du beim Wettbewerb dabei sein kannst. www.n-joy.de

--> Starshow

Vielleicht ist Dir das alles aber auch viel zu kommerziell und Du stehst eher auf Trommelklänge und Weihrauchduft? Auch dann findest Du in Hannover das Richtige: Das **Masala Weltbeat Festival** ist ein Fest der Musik und der Kulturen, das mittlerweile zu einem der wichtigsten und schönsten seiner Art herangewachsen ist.

Alles begann mit ein paar Zelten und ein bisschen Musik hinter dem Pavillon am Raschplatz und hat sich bis heute zu einem großartigen Festival entwickelt, bei dem an verschiedenen Spielorten in Hannover internationale Künstler unvergleichliche Musik machen. Zudem gibt es natürlich leckeres Essen, Kunsthandwerk und Veranstaltungen für Kinder. Wenn also die Welt mal wieder zu Gast an der Leine ist, solltest Du auch dabei sein. www.masala-festival.de

Ein besonderes Highlight ist das **enercity swinging hannover**, das Jazzfestival präsentiert von enercity, einem kommunalen Energie-Unternehmen. Es findet jedes Jahr statt und lockt die größten, besten und bekanntesten Musiker in die Stadt, um sie gemeinsam zum Swingen zu bringen.
www.swinginghannover.info

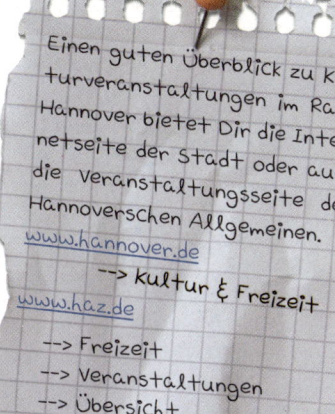

Einen guten Überblick zu kulturververanstaltungen im Raum Hannover bietet Dir die Internetseite der Stadt oder auch die Veranstaltungsseite der Hannoverschen Allgemeinen.
www.hannover.de
            --> kultur & Freizeit
www.haz.de

   --> Freizeit
   --> Veranstaltungen
   --> Übersicht

Hannover
   endlich

Hannover

endlich

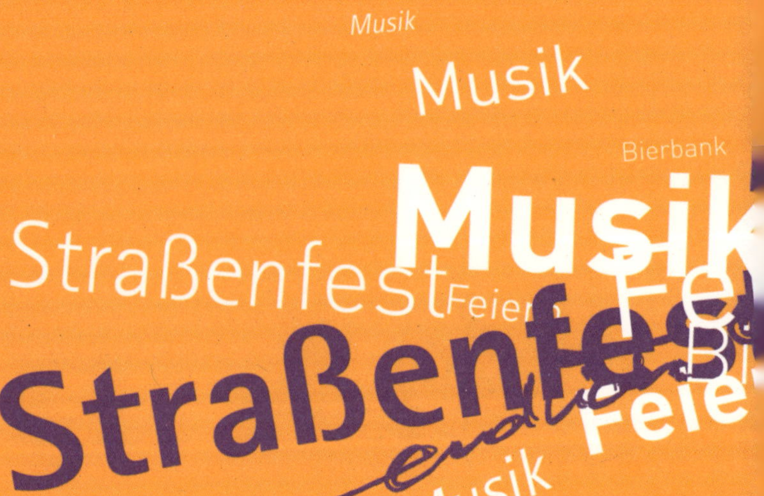

Musik

Musik

Bierbank

Musik

Straßenfest Feiern Fe

Straßenfes

Fei

eva

Musik

Wenn mal wieder Klischees rausgekramt werden, wie „Hannover ist langweilig!" oder „Hannover? Da ist doch nichts los!", dann kannst Du das mit größter Gelassenheit einfach ignorieren. Das stimmt nämlich nicht. Die Hannoveraner sind eigentlich ein ganz schön feierlustiges Völkchen und lassen ungern eine Gelegenheit aus, sich ordentlich zu amüsieren. Zu welchen Anlässen sie das besonders gerne tun, verraten wir Dir hier:

Maschseefest

Einmal im Jahr wird der Maschsee zum Schauplatz einer der größten Veranstaltungen Norddeutschlands. Das Maschseefest gehört zu den wichtigsten Events des Jahres und sollte unbedingt auf Deine To-do-Liste für den Sommer in Hannover. Seit 1986 findet es rund um Hannovers Stadtsee statt und ist inzwischen zu einer festen Institution geworden.

Ende Juli bis Mitte August werden die Karpfen im See auf eine harte Probe gestellt, denn um sie herum werden vom Nordufer bis hin zur Löwenbastion Buden aufgebaut. Hannovers Landratten können dann nicht nur auf unzählige Arten satt werden und sich schön einen antrinken, sie bekommen auch eine ganze Menge zusätzliche

Zerstreuung geboten. Livemusik, Kleinkunst- und Comedy-Programme sind genauso dabei wie sportliche Vorführungen auf dem Wasser und Vergnügungsfahrten mit dem Boot. Übrigens werden auch die Kleinen mit einem eigenen Kinderprogramm bespaßt. Besonders stimmungsvoll sind die Festnächte: Da spiegeln

sich die vielen Lichter im See und die Palmen am Nordufer lassen fast so was wie ein Urlaubsgefühl aufkommen. Ein absoluter Höhepunkt des Fests ist das traditionelle Fackelschwimmen, bei dem über hundert Leute sich zusammenfinden, um mit ihren Fackeln in der Hand einen Teil des Maschsees zu durchqueren.

Viele Hannoveraner Gastronomiebetriebe lassen sich für ihren Auftritt beim Fest was Pfiffiges einfallen und trumpfen mit originellen Buden und außergewöhnlichen Bewirtungskonzepten auf. In der ausgelagerten Sommerresidenz des Clubs Palo Palo z.B., dem Groove Garden, kannst Du bis spät in die Nacht noch abhotten. Du begegnest auf dem Maschseefest – je nach Stand und Tageszeit – vom Studenten bis zum Edelzwirnträger einer Menge gut gelaunter Leute. Kein Wunder, denn bei gutem Wetter ist es vermutlich das beliebteste Fest des Jahres. www.hannover.de

--> Tourismus --> Feste und Spezial --> Maschseefest

Schützenfest

Wer sich längere Zeit in Hannover aufhält, der kommt um das Schützenfest nicht rum. Immer am letzten Juni-Freitag beginnt in Maschsee(fest)nähe das zehntägige und größte Schützenfest der Welt! Auf den etwa zehn Hektar Schützenplatzgelände findest Du

Prost!

eigentlich alles, was Du von einer solchen Veranstaltung erwartest: Zuckerwatte und andere hochkalorische Lebensmittel, die man sich in schnell rotierenden Fahrgeschäften ein paarmal schön durch den

Magen katapultieren lassen kann. Lüttje Lage und anderes Hoch- und Niedrigprozentige gibt's anschließend dann in einem der Festzelte. Dafür kannst Du Dir auch richtig Zeit lassen, eine Sperrstunde hat das Schützenfest nämlich nicht! www.hannover.de

--> Tourismus
--> Feste und Spezial
--> Schützenfest Hannover

s. "Sprachregeln", S. 221

Oktoberfest

Es findet nicht nur auf demselben Platz statt, eigentlich ist es auch eine Veranstaltung, die dem Schützenfest sehr ähnlich ist, nur eben von Ende September bis Mitte Oktober: das Oktoberfest Hannover. Das Oktoberfest ist keine Wiesn – nur für den Fall, dass man Dir einen Ochsen aufbinden will – den kannst Du übrigens, wenn Du Lust drauf hast, hier verzehren. Insgesamt ist das Ganze eigentlich nicht so richtig mit dem bayrischen Volksfest zu vergleichen, aber wenn Du auf traditionelle Heimat-Kostümierung stehst, kommst Du bei der Trachtenmodenschau oder beim Dirndl-Contest auf jeden Fall auf Deine Kosten. www.oktoberfest-hannover.de

Scilla-Blütenfest

Hannover ist zwar ziemlich flach, aber der Kronsberg und der Lindener Berg – mit seinen stolzen 89 m Höhe! – machen das Defizit

gegenüber den Alpen beihnahe wieder wett. Denn hier auf dem Lindener Berg wächst die Scilla-Blüte! Die auch „Blaustern" genannte Pflanze kommt in so beeindruckender Menge vor, dass man dem „blauen Wunder" zu Ehren jedes Frühjahr ein Fest feiert: das Scilla-Blütenfest.

Da der Lindener Berg aber noch mehr kann als blühen, wird das allgemeine Blumenteppich-Bewundern zum Anlass genommen, auch drum herum noch ein bisschen was auf die Beine zu stellen. Du kannst z.B. die Sternwarte oder den Turm der St. Martinskirche besichtigen, den Jazz-Club besuchen, Dir eine Austellung ansehen, einer Lesung beiwohnen oder Dich an Chorgesängen ergötzen. Und auch am Fuß des Gipfels feiern Linden-Süd und Linden-Mitte ein bisschen mit. Hier kannst Du nach dem Abstieg vom Lindener Berg noch den verkaufsoffenen Sonntag nutzen.

www.linden-entdecken.de
--> Aktuelles --> Veranstaltungskalender

Internationaler Feuerwerkswettbewerb

Hannover feiert Silvester im Sommer. Naja, so ähnlich jedenfalls. Du musst kein Raclette vorbereiten oder Sekt kalt stellen oder gar Luftschlangen verteilen. Und vor allem musst Du Dich nicht in

Hannover endlich
Hannover
endlich
ndlich

vollkommen überfüllte Geschäfte zwängen, um noch ein bisschen was zum Böllern zu besorgen. Das Feuerwerken übernehmen nämlich andere für Dich. Seit über 20 Jahren, immer ca. eimal monatlich zwischen Mai und September, tragen Vertreter unterschiedlicher Länder professionell und ohne Neujahrs-Sentimentalitäten in einem Wettbewerb aus, wer es am schönsten kann.

Abgeschossen werden die Kunstwerke im Großen Garten in Herrenhausen, aber Du kannst auch an vielen anderen Plätzen der Stadt an Samstagabenden mit offenem Mund in den sommerlichen Nachthimmel starren und das große Leuchten genießen. Vielleicht lässt Du Dich bei der Gelegenheit noch inspirieren, was Du zum Jahreswechsel alles anstellen könntest, wenn Du Pyrotechniker geworden wärst. Willst Du aus der Nähe zugucken, solltest Du ab November auf den Vorverkauf achten, denn um die 49.000 Besucher zieht es jährlich dorthin. Ein bisschen Rahmenprogramm gibt's übrigens auch noch dazu. www.hannover.de

--> Tourismus -> Feste und Spezial
--> Internationaler Feuerwerkswettbewerb

Lister Meile Fest

Seit über 40 Jahren gibt es das Lister Meile Fest. Mit Deiner Mutmaßung, dass es auf der Lister Meile stattfindet, liegst Du auch vollkommen richtig! Was sich da – immer an einem Wochenende im Juni oder Juli – auf der 1.300 m langen Einkaufsstraße zwischen Bahnhof und Lister Platz abspielt, ist eigentlich mehr ein Stadtteil- als ein Straßenfest. Ein Riesenangebot an allem Möglichen gegen Hunger und Durst bekommst Du an zahlreichen Fressbuden und für allerlei Krimskrams kannst Du hier ebenfalls Dein Geld ausgeben. Was Hochprozentiges an der Cocktailbar schlürfen, zu Livemusik tanzen oder einfach nur bummeln – für jeden hat das Lister Meile Fest das Richtige – wenn's sein muss auch ein Kinderprogramm oder einen Gottesdienst. www.listermeile-hannover.de

--> Veranstaltungen --> Lister Meile Fest

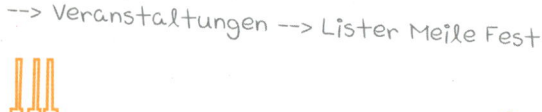

Limmerstraßenfest

An einem Samstag im September findet seit über zehn Jahren das Limmerstraßenfest statt. Auf verschiedenen Bühnen wird die Straße gerockt und die Verpflegung der Gäste kommt auch nicht zu kurz. Neuerdings pausiert an diesem Tag auch die Stadtbahn, die dort normalerweise neben Bussen und Anliegern verkehren darf. Du kannst Dich also ganz entspannt dem eher hip-alternativen Treiben hingeben und mitten auf der Straße schlendern, ohne ständig vom Straßenbahngebimmel aus dem „Limmern" rausgerissen zu werden.

➜ s. „Sprachregeln", S. 219

Beim Spezialprogramm, das vom politischen Infostand über Livemusik bis zum exotischen kulinarischen Leckerbissen reicht, kannst Du locker ein paar Stündchen totschlagen. Falls Dir das Schützenfest auf dem Schützenplatz schon zugesagt hat, wird es Dich freuen, dass Du auch hier den Ausmarsch der Lindener Schützen miterleben kannst. Die kochen nämlich ganz in Reichweite mit ihrer Parade auf dem Küchengarten-Platz ihr eigenes Süppchen.
www.aktion-limmerstrasse.de

Karneval

Obwohl Norddeutschland nicht gerade für seine karnevalistische Bevölkerung bekannt ist, musst Du auch als zugezogener Rheinländer in Hannover nicht auf den ganzen Spaß verzichten, den Du von zu Hause gewohnt bist. Der Karneval in Hannover heißt Fasching. Zwar zieht er an vielen Hannoveranern eher unbemerkt vorüber, es gibt

aber dennoch einige Vereine wie zum Beispiel die Lindener Narren, die diese Tradition am Leben erhalten. Am Samstag vor Rosenmontag findet ein Karnevalsumzug statt und am Rosenmontag selbst verkleiden sich zumindest Schul- und Kindergartenkinder. Na dann Helau (und nicht etwa Alaaf)!

Internationale Karnevalsparty

Ganz jung unter Hannovers festen Festen ist die Internationale Karnevalsparty. Organisiert vom Hochschulbüro für Internationales der Leibniz Universität Hannover wird seit ein paar Jahren irgendwann zwischen November und Februar in der HanOMacke (Königsworther Platz) auf dem Conti-Campus (am Hochhaus mit dem „Continental"-Logo zu erkennen) studentisches Verkleiden gefeiert.

Wenn Du aus einer Gegend kommst, in der sich dafür eine Woche Urlaub genommen wird, dann sei jetzt nicht enttäuscht. Freu Dich einfach, dass Du immerhin eine Party bekommst. Und falls Fasnet, Karneval bzw. Fasching nie Dein Ding war, kannst Du der ganzen Sache wunderbar entgehen. Wenn sich der Hannoveraner verkleiden will, macht er das üblicherweise im Rahmen eines Junggesellenabschieds, einer Motto- oder einer Technoparty. Zum Glück kommen die Gäste für diese Karnevalsparty aber ja aus aller Welt ...

Aber zurück zum Karneval: Lass Dir bei Deinem Outfit was einfallen, denn das beste Kostüm wird prämiert! Wenn Du Dich mit Berlinern (Krapfen) vollgestopft und schon ein paar der günstigen

Getränke zu Dir genommen hast, kann es passieren, dass Du Dich
plötzlich mitten in einer Polonaise wiederfindest.
www.international.uni-hannover.de --> Aktuelles

Internationales 1. Mai-Fest

Am Tag der Arbeit macht der Hannoveraner nicht nur die Läden
dicht, sondern feiert auch das Internationale 1. Mai-Fest, und zwar
rund ums Faust-Gelände in Linden-Nord. Seit über 12 Jahren
kommt man hier am Feiertag her, um sich Livemusik anzuhören, das
Kulturprogramm zu genießen, die Kinder anmalen zu lassen oder
auch einfach nur, um was Leckeres zu essen.
www.kulturzentrum-faust.de --> Veranstaltungen --> Mai

Klimafest

Einmal im Jahr ist die Stadt Hannover autofrei. Der arbeits- und
abgasfreie Sonntag wird genutzt, um ein großes Klimafest zu veranstalten. Mit dabei sind immer Präsentationen rund um die erneu-
erbaren Energien, Infostände, Fahrradversteigerungen, Vorträge
und Gespräche zu den Themen Fahrrad, Klima und Umwelt, Livemusik, Tanzperformances und und und.

Viele Organisationen und Initiativen setzen sich im Rahmen dieser
Veranstaltung für ein klimafreundlicheres Hannover ein. Ein Höhepunkt ist die Fahrradsternfahrt, bei der um die 5.000 Radbegeister-
te von Treffpunkten in allen Himmelsrichtungen losfahren, um sich
dann auf dem Friederikenplatz zu begegnen. www.hannover.de

--> Veranstaltungskalender --> Spezial
--> Autofreier Sonntag - Hannovers Klimafest

am grünsten
am grünsten
Messe
Hochdeutsch
nix los!
Hochdeutsch
am grünsten
nix los!
endlich!
nix los!
am grünsten
nix los!
Hochdeutsch
Messe
Hochdeutsch

Mythen
Mythen
Mythen
am grünsten
am grünsten
Hochdeutsch
Messe
Krökeln
nix los!
am grünsten
ochdeutsch
Messe
ndeutsch
nix los!
am grünsten
am grünsten
Hochdeutsch
nix los!
Messe
nix los!
deutsch
Messe
Messe
Liga
Hochd

Hochwasser
nix los!
Krökeln
am grünsten

Jetzt bist Du also Neu-Hannoveraner und bereit, die Stadt zu erkunden. Aber was genau so spannend sein kann wie die persönliche Entdeckungsreise, ist sicher das, was über Hannover gesagt wird. All die Legenden, Sagen, Mythen eben. Hier haben wir eine kleine Auswahl für Dich zusammengestellt.

Hannover hat das reinste Hochdeutsch

Mit solchen Behauptungen ist es natürlich immer so eine Sache und sie erweisen sich meist als Klischee. Tatsächlich wurde in Hannover keineswegs Hochdeutsch gesprochen. Schließlich gehörte die Stadt zum niederdeutschen Sprachraum (für Linguisten: Stichwort Lautverschiebung). Als Hannover dann im 18. Jahrhundert Residenzstadt wurde, sprachen die (zugezogenen) Beamten nicht Platt, sondern so, wie es zu der Zeit Mode war: eine Mischung aus ostmitteldeutscher Schrift- und norddeutscher Amtssprache.

Und daher weist das in der Stadt gesprochene Deutsch auch heute durchaus einige dialektale Einfärbungen auf. So manches, was der Hannoveraner von sich gibt, will beim besten Willen einfach nicht so richtig hochdeutsch kingen. s. „Sprachregeln", S. 218

Kleine Kostprobe gefällig? Was vermutlich der ganze Rest von Deutschland als „Kickern" kennt, bezeichnet der Hannoveraner ganz selbstverständlich als „Krökeln". Entstanden ist dieser Ausdruck in Anlehnung an den „Krökel", ein hannöverscher Audruck für eine Eisenstange. Schon etwa in Braunschweig kennt ihn allerdings niemand mehr.

Nichts ist doofer als Hannover

NEIN!

Eine böswillige Aussage, die sich verdächtig hartnäckig hält. Mitgeprägt wurde der Mythos vom TV-Moderator Harald Schmidt, der in den 90ern regelmäßig in Form eines Running Gags über Hannover ablästerte – mit Sprüchen wie „Hannover ist die Stadt mit dem gewissen Nichts". Dass Schmidt aus Stuttgart stammt, also (auch) nicht unbedingt vom Zentrum der Welt, ist in diesem Zusammenhang wohl überflüssig zu erwähnen.

Hannover wird von Außenstehenden häufig als langweilig und trostlos wahrgenommen. Allerdings entbehrt diese Wahrnehmung für die Eingeweihten jeglicher Grundlage. Hannover hat Erstligafußball, -eishockey, -handball, -wasserball, etc. zu bieten – und in Sachen Musikveranstaltungen steht die Stadt inzwischen super da. Immer mehr (internationale) Stars wählen für ihre Konzerte bewusst die niedersächsische Landeshauptstadt. Außerdem steht einer der meistbesuchten und modernsten Zoos hier. Da habt ihr's!

Längst hat Hannover sein Langeweile-Image verloren. Noch 2002 hatte übrigens Fußballer Jan Simak mit der Aussage „Hannover ist eine öde und hässliche Stadt" seinen Wechsel vom damaligen Zweitligisten Hannover 96 zu einem Erstligaverein provoziert, und landete dann anschließend in – Leverkusen. Nun ja.

Hannover ist grün

Völlig richtig. Das Portal „meinestadt.de" stellte im Juli 2011 ein Ranking der grünsten Städte Deutschlands auf und an der Spitze liegt Hannover! Der Bewertungsmaßstab war nicht etwa politisch motiviert, sondern gibt den prozentualen Anteil von Grünflächen an der gesamten Stadtfläche an. Hierbei waren die 11,36 % von Hannover von keiner Stadt zu toppen – am nächsten kamen noch Magdeburg mit 10,1 % und etwas überraschend Essen mit 9,6 %.

Allein die Eilenriede weist schon über 6,5 Quadratkilometer auf, eine Fläche von etwa 1300 Fußballfeldern. Sie ist damit fast doppelt so groß wie der Central Park in New York (3,5 km^2)! Dazu

kommen der Maschpark, der Stadtpark und noch viele weitere Grünflächen im Stadtgebiet. All das ergibt den perfekten Ort für gute Luft und tolle Naherholungsmöglichkeiten.

Der Maschsee als Nazi-Projekt

Ja, das stimmt! Entstanden ist der Maschsee auf dem Gelände der früheren Leinemasch. Hierbei handelte es sich um ein tiefer gelegenes Gebiet neben dem nahen Fluss Ihme. Der trat Anfang des 20. Jahrhunderts regelmäßig im Frühling über die Ufer, unter anderem bedingt durch die Schneeschmelze im Harz. So entstand oft Hochwasser. Dies hinterließ ein Bild der Zerstörung bis in die Innenstadt hinein.

Aus diesem Problem heraus entstand schließlich die Idee, die Maschwiesen kontrolliert zu fluten und einen künstlichen See anzulegen. Ein erster derartiger Gedanke war 1904 von einer Bürgerinitiative hervorgebracht, aber anschließend nicht direkt umgesetzt worden.

Ab 1925 wurden die Pläne auf Initiative des damaligen Oberbürgermeisters Arthur Menge dann wieder aufgenommen. Nachdem 1926 sogar das Schützenfest aufgrund des Hochwassers abgebrochen werden musste, war die Dringlichkeit für Umbaumaßnahmen auf den Maschwiesen hoch. Allerdings wurde die Flutung nochmals ein paar Jahre aufgeschoben; unter anderem weil die finanziellen Mittel fehlten.

Dies änderte sich dann in den 1930er Jahren. Nachdem die NSDAP 1933 an die Macht gelangte, kam ihr das Seeprojekt wie gerufen, um es für ihre Propaganda zu nutzen und um die hohen Arbeitslosenzahlen zu senken. Und so folgte am 21. März 1934 der erste Spatenstich für den Umbau, an dem insgesamt 1.650 so genannte Notstandsarbeiter beteiligt waren.

Viele von Ihnen akzeptierten schlechte Arbeitsbedingungen und geringe Löhne, um überhaupt Arbeit zu finden. Fertiggestellt wurde der See schließlich am Himmelfahrtstag 1936, begleitet von einem unvermeidlichen Massenaufmarsch der NSDAP.

Zusammenfassend also: Der Auftrag, den See bauen zu lassen, stammte tatsächlich von den Nazis. Die ursprüngliche Idee für dieses Projekt war aber schon Jahrzehnte vorher entstanden, schließlich wollten die Menschen etwas gegen das alljährlich wiederkehrende Hochwasser unternehmen.

In Hannover ist nur während der Messen was los

Eine Frechheit! Da ist natürlich nichts dran. Selbstverständlich sind die regelmäßig stattfindenden Großmessen Publikumsmagneten, die den Tourismus und die lokale Wirtschaft enorm ankurbeln. Hier muss man vor allem die weltgrößte Computermesse „CeBit" (jährlich im März) und die weltgrößte Industriemesse „Hannover Messe" (jährlich im April) nennen. Gerade die CeBit bringt durch die vielen aus Fernost anreisenden Aussteller und Gäste jedes Jahr aufs Neue für eine Woche viel asiatisches Flair in die Stadt.

Allerdings ist um die Zeit nur unwesentlich mehr los als sonst. Auch den Rest des Jahres kann man viel unternehmen und leidet nicht unbedingt an Einsamkeit. Im Gegenteil: Während der Messezeiten fühlt sich der eine oder andere Hannoveraner sogar eher gestört durch die vollen Straßen, Züge und Straßenbahnen und sehnt das Ende der Messe schon kurz nach dem Start herbei.

Nachdem die Karawane dann weitergezogen ist, normalisiert sich alles in Hannover wieder – bis zur nächsten Messe. Und die kommt bestimmt, ist die in der Stadt ansässige „Deutsche Messe AG" doch der größte deutsche Messeveranstalter mit jährlich über 100 organisierten Messen im In- und Ausland.

Hannover
      endlich
endlich   Hannover
                      endlich

Willi und die Windzors
Der Mann, der alles kann
Gibsy
Der große Bellheim
Der Mann, der alles kann

Gibsy
Fritz-Haarmann-Lied
Willi und die Wind
Fritz-Haarmann-Lied

Der Mann, der alles ka II
Willi und die Windzors
Fritz-Haarmann-Lied
Tod an der Leine
Fritz-Haarmann-Lied
Willi und die Windzors

fiktiv

Hannover

Hannover

fiktiv

fiktiv

fiktiv

s

Fritz-Haarmann-Lied

Eine Sünde zuviel

Der Tote vom Maschsee

Tote vom Mas

Der

Fritz-Ha

Fritz-Haarmann-Lied

Der große Bellheim

Der Tote

Es regnet in Strömen und bei Dir macht sich allmählich die Langeweile breit? Dann besteht die Gefahr, dass er Dich heimsucht: der
Hannover-Blues. Wenn es soweit ist, dann hilft meistens nur noch
eins: Mach es Dir auf Deiner Couch bequem, verabschiede Dich für
ein paar Stündchen von der Realität und tauch einfach ins fiktive
Hannover ein – das gibt es nämlich auch! Allerhand Geschichten, in
denen Deine Stadt eine (Haupt-)Rolle spielt, werden Dir in Buch-,
Film- oder Liedform erzählt – und dann kann es nicht mehr lange
dauern, bis Dir Hannover wieder wahnsinnig aufregend vorkommt.

Hannover in bewegten Bildern

In Hannover geht filmemäßig wahrscheinlich mehr, als Du denkst.
Hier wird gemordet, geboxt, geliebt und gelogen. Ganz, wie im echten Leben. Schau mal:

Willi und die Windzors (Hanover-Film GmbH/NDR)

Auch Hape Kerkeling hat sich für seinen superwitzigen Film über
die Royals im Exil als Handlungsort Hannover ausgesucht. Stell Dir
folgende Situation vor: Die Briten haben die Monarchie abgeschafft
und überhaupt keine Lust mehr darauf, die königliche Familie wei-
terhin durchzufüttern. Die werden also einfach rausgeschmissen
und landen schließlich bei entfernten Verwandten in Hannover. Die
ahnungslose Familie Bettenberg fällt aus allen Wolken! Kleinbür-
germief trifft auf Standesdünkel und so entstehen herrlich groteske
Situationen. Eine zum Brüllen komische Komödie mit Hape Kerkeling, Tana Schanzara und Brigitte Mira in den Hauptrollen.

Der große Bellheim (ZDF)

Ebenfalls in Hannover spielt dieser Vierteiler rund um einen Groß-
industriellen, der 1993 zum ersten Mal im Fernsehen lief. Der Kauf-
hausboss Peter Bellheim (Mario Adorf) hatte sich eigentlich schon

auf seinen Alterswohnsitz in Marbella verkrümelt, mischt sich aber noch mal kräftig ins Business ein, als er erfährt, dass es dem Unternehmen nicht gut geht. Der Schlendrian hat sich eingeschlichen, es wird geklaut, die Kundschaft wird verprellt, das Management schlampt vor sich hin und überhaupt läuft einiges schief. Um seine Unternehmenskette wieder auf Vordermann zu bringen, mobilisiert er drei andere Wirtschaftsexperten, die sich genau wie er im Ruhestand zu Tode langweilen. Und die vier Alten wehren sich gewaltig: Nicht nur gegen den Firmen-Vorstand und die Banken – vor allem gegen den skrupellosen Karl-Heinz Rottmann (Heinz Hoenig) und seine Supermarktkette haben die vier Ex-Rentner zu kämpfen.

Gibsy – Die Geschichte des Boxers Rukeli Trollmann
(NDR/Pinguin Studios)

Dieses Doku-Drama beruht auf der Geschichte des Mittelgewichtsboxers Johann „Rukeli" Trollmann. Der in armen Verhältnissen aufgewachsene Hannoveraner war in den 20er Jahren für seine besondere Technik im Boxsport bekannt, die ihm einige Siege einbrachte. 1933 gewann er sogar den Meistertitel im Halbschwergewicht.

Als Sinto gab er sich selbst den Namen „Gibsy", den er als „Markenzeichen" auf die Sporthose sticken ließ. Die Nationalsozialisten haben ihm schließlich seinen Meistertitel wieder aberkannt, da er als „Zigeuner" ihrer Ansicht nach diesen Erfolg nicht haben durfte, und man hat ihn nur unter Einhaltung aberwitziger Auflagen boxen lassen, um weitere Erfolge für Gibsy zu verhindern. Seine Box-Karriere musste er beenden. Ein tragischer und packender Film mit Hannes Wegener und Hannelore Elsner in den Hauptrollen.

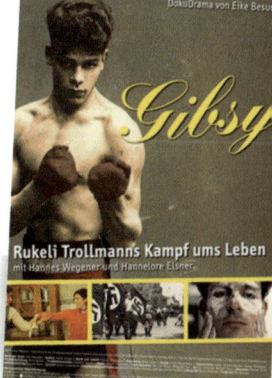
© pinguin studios

Der Mann, der alles kann (ARD)

Ein schüchterner und tatortscheuer Kriminalbeamter – wo gibt's denn so was? So ein Typ ist Robert Hellkamp (Peter Brix) aber. Linkisch und von Angststörungen gequält, hat der Mittfünfziger bei seinem selbstzufriedenen, machohaften Chef Hoff im LKA Hannover auch nicht gerade den besten Stand. Hellkamps Traum, sich zum Profiler ausbilden zu lassen, rückt damit in weite Ferne, denn er braucht dazu Hoffs Einwilligung. Turbulent wird die Geschichte als Hellkamp die Frisörin Rita (Anica Dobra) kennenlernt, die selbst ein bisschen verhuscht und gefrustet wirkt. Sie fühlt sich nämlich zur Schrifstellerei berufen – nur will niemand was davon wissen.

Jedenfalls verlieben die beiden sich ineinander. Und dann werden sie auch auch noch zusammen in einen Kriminalfall verwickelt: Die Mitbewohnerin von Ritas Tochter Jule (Julia Schäfle) wird tot aufgefunden. Hellkamps Instinkt lässt ihn nicht im Stich: Es handelt sich um Mord – und dieses Mal läuft er zur Höchstform auf. Was das Ganze mit Hannover zu tun hat? Die Stadt spielt natürlich als Drehort eine wichtige Rolle!

Tatort (ARD, TV-Kriminalreihe seit 1970)

Auch Deutschlands beliebteste Fernsehkrimireihe spielt regelmäßig in Hannover. Zwischen 1974 und 1977 löste Kommissar Brammer (Knut Hinz) hier einige seiner kniffligen Kriminalfälle. Danach herrschte erst mal eine Zeit lang Funkstille, aber seit 2002 wird in Hannover und Umgebung wieder kräftig ermittelt – und zwar von Char-

Für die Folge „Mord in der ersten Liga" wurde während des Fußball-Bundesligaspiels Hannover 96 vs. Hamburger SV im November 2010 im ehemaligen Niedersachsenstadion gedreht. Furtwängler, im wahren Leben Fan des FC Bayern München, jubelte damals in ihrer Rolle als Charlotte Lindholm über Tore der „Roten".

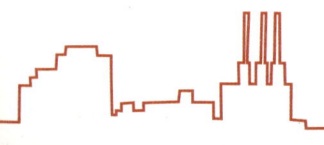

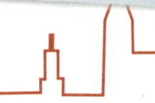

Breaking bad   Stadt mit Keks **Downsteppers**
                                                        //211
       Der große Bellheim   Eine Sünde zuviel

lotte Lindholm (Maria Furtwängler). Die Powerfrau war bereits in vielen brisanten Tatort-Fällen zu sehen: Missglückte Genforschungsexperimente sind z.B. in „Heimspiel" (2004) das Thema, mit Homophobie im Profifußball setzt sich „Mord in der ersten Liga" (2011) auseinander und „Wegwerfmädchen" (2012) befasst sich mit Zwangsprostitution und politischen Seilschaften.

Breaking Bad
(Amerikanische TV-Serie, AMC, Sony Pictures Entertainment Company, Erstausstrahlung 2008)

Für Aufregung sorgte im August 2012 die Meldung, dass sogar die US-Kultserie „Breaking Bad" in Hannover Station macht. In der 5. Staffel führt die Geschichte nach Hannover, von wo aus das Drogenkartell „Madrigal Elektromotoren" die Fäden zieht.

Bevor nun aber der ein oder andere Hannoveraner auf die Idee kommt, sich auf die Jagd nach Autogrammen oder Fotos zu machen: Es gibt da einen Haken! Hannover wird in der Serie zwar tatsächlich zum Handlungsort, die Szenen sind aber im amerikanischen Albuquerque in New Mexico entstanden. Das liegt zwar ein bisschen außerhalb Niedersachsens und in der Serie sieht es auch überhaupt nicht nach Hannover aus – aber das darf man nicht so eng sehen. Um bei Besuchern oder Verwandten ein bisschen damit anzugeben, dürfte die kleine Mogelpackung allemal taugen …

Hannover Schwarz auf Weiß

Heinz G. Konsalik: Eine Sünde zuviel
(Blanvalet Taschenbuch Verlag)

Tatort: eine Apotheke in Hannover. Eine richtig perfide Geschichte spielt sich hier ab: Nach einem Unfall beim Experimentieren im

Hannover
   endlich

Hannover

ndlich   endlich

Tatort
Gibsy Eis!
Witti und die Windzors

Labor ist Luise Dahlmann blind. Aufopfernd kümmern sich ihr Mann Ernst und ihre Schwester Monika um sie, gehen aber hinter ihrem Rücken ein Verhältnis miteinander ein. Alle medizinischen Untersuchungen führen zum gleichen Ergebnis: es besteht keine Hoffnung für Luise. Bis sie eines Tages von einer neuen Augen-OP hört, die ein Arzt in Italien durchführt – und der kann ihr tatsächlich helfen!

Als sie nach Hause kommt, um Gatte und Schwester mit der guten Nachricht zu überraschen, kann sie nicht fassen, was sie da zu sehen bekommt – und beschließt, noch ein Weilchen die Blinde zu spielen ...

Bettina Szrama: Die Konkubine des Mörders
(Gmeiner Verlag)

Eine historische Figur Hannovers kommt in Bettina Szramas Roman zu literarischen Ehren. In fiktiver Form wird die Geschichte der Geliebten von Jasper Hanebuth verarbeitet. Dieser Hannoveraner, der im 17. Jahrhundert sein Unwesen getrieben hat, erlangte traurige Berühmtheit durch 14-fachen Pferdediebstahl und 19-fachen Mord. Hauptfigur des historischen Romans ist aber Marie, die sich in einem Zwiespalt befindet: Sie fühlt sich auf magische Weise von dem grausamen Dieb und Mörder angezogen.

© Gmeiner-Verlag, Meßkirch

Günter von Lonski: Eis!: Ein Hannover-KRIMI
(CW Niemeyer Buchverlage GmbH)

Ein brandaktueller Krimi, der im Milieu der Zwangsprostitution mitten in Hannover spielt. Nachdem der Freund einer Bekannten brutal ermordet wird, gerät Kriminalkommissarin Mareike Kalenberger

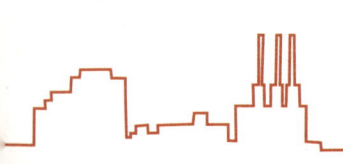

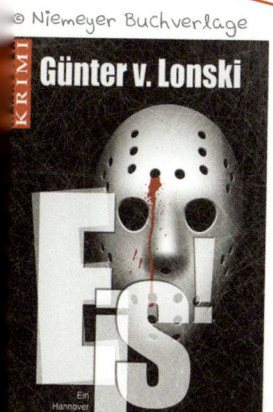

durch ihre Ermittlungen immer tiefer in die Loverboy-Szene hinein. Junge Männer suchen sich gezielt Schulmädchen aus, machen große Versprechungen und täuschen Verliebtheit und Verantwortungsgefühl vor – mit dem Ziel ihre Zuhälter zu werden. Als Pia, die Freundin ihrer Tochter, verschwindet, macht Kalenberger sich auf die Suche, obwohl sie eigentlich mit persönlichen Problemen genug zu kämpfen hat: Sie wird im Dienst gemobbt und erkrankt am Burn-out-Syndrom. Spannend und aufrüttelnd!

In einer Halbmillionenstadt wie Hannover darf auch eine Krimireihe mit Lokalkolorit nicht fehlen. Die Autorin **Susanne Mischke** lebt seit 2002 in der Stadt und startete 2008 ihre Bücherserie rund um den schrulligen Kommissar Bodo Völxen. Ungefähr einmal pro Jahr erscheint ein neuer Taschenbuchkrimi mit einer der abwechslungsreichen Geschichten, die an verschiedenen Schauplätzen in und um Hannover spielen. Darunter z.B. der Maschsee – aber auch im beschaulichen Holtensen kann mal eben, wie sich bei Mischke zeigt, eine Leiche auf dem Osterfeuer landen.

Der Tote vom Maschsee (Piper Verlag GmbH)

Die Leiche eines namhaften Psychiaters – seines Zeichens Experte für Sexualstraftaten – wird mit rausgetrennter Zunge im Maschsee gefunden. Die Zunge taucht auf dem Stöckener Friedhof wieder auf, platziert auf dem Grab des Massenmörders Fritz Haarmann! Wer steckt hinter der Gräueltat? Eine spannende Geschichte rund um das Thema Sicherungsverwahrung entspinnt sich ...

SUSANNE MISCHKE
DER TOTE VOM MASCHSEE
KRIMINALROMAN

Hannover
endlich   Hannover

ndlich   endlich

Tatort
Gibsy   Eis!
Witti und die Windzors

© Piper Verlag

Tod an der Leine (Piper Verlag GmbH)

Kommisar Völxens Kollege Fernando Rodriguez ist entsetzt: Die Leiche der jungen Regisseurin Marla Toss liegt am Ufer der Leine. Ein harter Schlag für ihn, da er sich zu ihren heißblütigen Verehrern zählt und stolzer Besitzer von Karten für die Premiere ihres Filmes ist, die am Abend hätte stattfinden sollen. Das Ermittler-Team macht sich also mit Hochdruck ans Werk – und gerät dabei tief in den Untergrund: Ein Labyrinth aus Gängen unter der Stadt spielt eine große Rolle in der außergewöhnlich spannenden Geschichte ...

Hannover – mehr oder weniger melodisch

Matthias Brodowy: Stadt mit Keks
(generalmusikverlag/Venturemedia GmbH)

Hier handelt es sich um eine wunderbare Hommage des in Braunschweig geborenen Kabarettisten Matthias Brodowy an seine Lieblingsstadt Hannover. Der Titel spielt auf den ortsansässigen Keksproduzenten an und auf ironische und trotzdem liebevolle Weise hat Brodowy alles Hannovertypische in sein Lied reingepackt. Er tritt regelmäßig u.a. im GOP Varieté-Theater auf, wo er „Stadt mit Keks" im Rahmen seines Bühnenprogramms singt. Die Message des Songs ist klar: Hannover wird unterschätzt, hat aber in Wirklichkeit soooo viel zu bieten ...

s. auch „kultur und so", S. 178

Downsteppers: Herri–Song

2004 rappten die Downsteppers ihr Lied „Erstmal 'n Herri", in dem die lokale Biermarke Herrenhäuser – liebevoll auch Herri genannt –

als Retter in der Not und Antwort auf alle schiefen Lebenslagen gepriesen wird. Die Band fragte damals auch bei der Brauerei an, ob man an einer offiziellen Produktion des Songs interessiert sei, die war jedoch der Meinung, dass der Herri-Song nicht so richtig in ihr Marketing-Konzept passt.

Fritz-Haarmann-Lied

Kultcharakter genießt auch das Lied über den hannoveraner Massenmörder Fritz Haarmann, der in den 20er Jahren 24 Jungen und junge Männer mit einem Beil umbrachte und schließlich im Jahr 1925 hingerichtet wurde. Die Anfangszeilen des ursprünglich vom Berliner Walter Kollo gesungenen Liedes „Warte, warte nur ein Weilchen, bald kommt das Glück auch zu dir, mit den ersten blauen Veilchen, klopft es leis' an deine Tür" wurde im Volksmund rasch zu „Warte, warte nur ein Weilchen, bald kommt Haarmann auch zu dir, mit dem kleinen Hackebeilchen, macht er Hackefleisch aus dir" umgedichtet.

Aromaboys: Zu hässlich für München

Nicht fehlen darf in dieser musikalischen Reihe das herrlich ironische Lied der Aromaboys, in dem die vermeintlich ausgeprägte Durchschnittlich- und Langweiligkeit der Stadt bzw. seiner Bewohner besungen wird. Als Sammelsurium aller möglichen Hannover-Klischees kommt das Lied der zwei aus Köln und München stammenden Aromaboys daher und ist zum Brüllen schön! Mit leicht verändertem Text wurde der Song 2008 übrigens von Barbara Schöneberger gecovert.

schnökern rumram

Pinnökel

Lüttje Lage

Kanzlerplatte

Lüttje Lage

rumramenterr

rum

Lüttje Lage

§ § §

limmern

rumram

§ §

Sprachregeln
und nützliche
Vokabeln

lütje Lage

rumramentern

rumramentern

Pinnökel

limmern

Pinnökel

lütje Lage

Kanzlerplatte

schnökern

Pinnökel

§

§

schnökern

Pinnökel

limmern

Kanzlerplatte

lütje Lage

schnöker

rumramentern

limmer

§

Der Hanoveraner brüstet sich ganz gerne damit, das reinste Hochdeutsch überhaupt zu sprechen. Aber ganz so ist das natürlich nicht, denn auch in Hannover gibt es eine dialektale Färbung. Auch wenn das Calenberger Platt, eine Variante des Niederdeutschen, heute kaum noch gesprochen wird, Überbleibsel sind immer noch deutlich rauszuhören. Lass Dir also bloß nicht weismachen, dass Du Dich in Hannover im Zentrum der hochdeutschen Sprachkompetenz befindest!

Allgemeine Regeln

Zwar gehen von Generation zu Generation immer mehr der sprachlichen Eigenheiten verloren, trotzdem begegnen Dir im täglichen Leben immer noch einige Aussprachebesonderheiten, die bei Dir das Gefühl aufkommen lassen: „Das Wort habe ich noch nie gehört!". Mit diesen beiden Regeln schaffst Du aber die Entschlüsselung und bist für den Dialog mit einem echten Hannoveraner gerüstet:

§ „g" und „r" werden zu „ch"

Nachdem Du nun erfahren hast, dass der hannöversche Dialekt zu den aussterbenden „Achten" (Arten) gehört, freut es Dich bestimmt, dass Dir immerhin noch Wörter begegnen, in denen es vor lauter „Ich-" (ein „ch" wie in „Ich") und „Ach-Lauten" (ein „ch" wie in „Ach") nur so wimmelt. Hier „fracht" man nach dem „Wech" zum „Spochtplatz" oder „liecht" doch lieber in der Sonne rum. Und vor allem „sacht" man in Hannover immer ganz besonders viel, fährt mit dem „Zuch" und Leute mit dem schönen Namen Martin heißen hier „Machtin".

§ Aus „ei" wird häufig „aa"

Nicht nur in der Wortmitte, auch im Anlaut ersetzt der Hannoveraner gerne das „ei" durch ein plattgedrücktes „aa". Als Hannover-

Neuling musst Du vielleicht noch etwas üben, bevor Dir „maane Stadt anner Laane" richtig locker über die Lippen kommt.

Hannoversche Ausdrücke und Redewendungen

Über die hannoversche Aussprache hast Du jetzt ein bisschen was gelernt. Und trotzdem kann es Dir passieren, dass Du bei manchen Wörtern, die Du zu hören bekommst, einfach nur verständnislos mit den Achseln zuckst. Mit einigen der merkwürdigsten Ausdrücke kannst Du Dich hier schon mal vertraut machen.

 Unterm Schwanz: Der Satz „Wir treffen uns unterm Schwanz!" löst möglicherweise eine gewisse Verwirrung bei Dir aus, die aber eigentlich unbegründet ist. „Unterm Schwanz" bedeutet in diesem Fall, dass man sich direkt vor dem Hauptbahnhof am Denkmal des Königs Ernst-August trifft, genauer gesagt unter der Rückseite des Pferdes, auf dem die Königsstatue sitzt.

s. „Besuch? Tourikram ...", S. 152

 Limmern: Wenn Du vorhast zum „Limmern" zu gehen, dann könntest Du Dich mit Deinen Freunden unterm Schwanz verabreden, Dich gemütlich in die Stadtbahn-Linie 10 Richtung Ahlem begeben und an der Haltestelle Küchengarten oder Leinaustraße wieder aussteigen. Denn dann stehst Du auf der Limmerstraße und hast schon eine wesentliche Voraussetzung für das Limmern erfüllt.

Die Alternative zum Limmern

In Hannover wird nicht nur gerne „gelimmert", sondern auch „geluthert". Mag jetzt konfessionsabhängig klingen, ist es aber nicht. Eigentlich ist das „Luthern" dem „Limmern" sehr ähnlich, spielt sich aber rund um die Nordstädter Lutherkirche ab.

Jetzt musst Du Dir nur noch eine Bank, ein Fensterbrett oder eine andere halbwegs bequeme Sitzmöglichkeit suchen und hast am besten auch noch einiges an Proviant dabei – et voilà: Du limmerst! Achte dabei aber ein bisschen auf die Tageszeit, nicht alle Anwohner sind Fans dieses Zeitvertreibs.

S. „Durst?", S. 98

Herri: Man hat Dich auserkoren, zum Limmern ein paar „Herris" am Kiosk zu besorgen? Dann solltest Du nicht auf die Idee kommen, mit etwas Fischigem anzukommen. Angebracht wären in diesem Fall ein paar Bierchen der ursprünglich aus Hannover-Herrenhausen stammenden Marke „Herrenhäuser".

Krökeln: Wenn man Dich mit „Willst Du krökeln?" anspricht, passiert das höchstwahrscheinlich in einer Kneipe. Das ist weder als unsittliches Angebot noch als Aufforderung zur Emission körpereigener Gase zu verstehen – man will einfach nur eine Runde Tischfußball mit Dir spielen. Zum Krökeln passt übrigens auch ein Herri ganz gut.

Kanzlerplatte: Ebenfalls gut zum Herri passt eine gepflegte Kanzlerplatte. Dieser nach Kahlkopf klingende Begriff geht ausgerechnet auf den mit üppiger Haarpracht gesegneten Altkanzler Gerhard Schröder zurück. Dieser prominente Hannoveraner mag besonders gerne Currywurst mit Pommes – und nichts anderes versteckt sich hinter diesem Begriff!

Küga: Die Abkürzung bezeichnet den Lindener Platz „Am Küchengarten", an dem sich vor langer Zeit mal ein Garten zur Versorgung des herzöglichen Haushalts befand.

Wibuwi(e): Gemeint ist hier ganz einfach die „Wilhelm-Busch-Wiese". Wenn Du Dir die Mühe machst, auf einer Hannover-Karte nachzuschauen, wirst Du diesen Namen im Stadtwald Eilenriede finden. Fälschlicherweise wird manchmal auch die Wiese vor dem Wilhelm-Busch-Museum so genannt – das befindet sich allerdings

Kanzlerplatte
schnökern

Lüttje Lage
Döllmer

limmern

//221

im Georgengarten. Ach ja, der Korrektheit halber: Das Museum heißt inzwischen Wilhelm Busch – Deutsches Museum für Karikatur und Zeichenkunst.

E-Damm: Du hast den Tipp bekommen, Dir mal den „E-Damm" anzuschauen? Na klar, Du bist neu, offen, interessiert – wird gemacht! Auf der Stadtkarte wirst Du ihn aber vergeblich suchen, denn da ist er als Engelbosteler Damm eingezeichnet. E-Damm klingt schön kurz und knackig, bezeichnet aber die ewig lange Straße, die sich durch die komplette hannoversche Nordstadt zieht.

Ein ähnliches Abkürzungs-Schicksal hat übrigens die „Podbi" (Podbielskistraße) und den „Aegi" (Aegidientorplatz) ereilt.

Lüttje Lage: Hierbei handelt es sich um ein zunächst ungemischtes Getränk aus zwei Komponenten – einem obergärigen Bier und einem Kornbrand. Diese befinden sich in separaten Gläsern und Du vereinst sie während des Trinkvorgangs, indem Du beide Gläser mit einer Hand hältst, einen guten Neigungswinkel berechnest und das Ganze dann runterkippst – möglichst ohne dabei eine Riesensauerei zu machen. Es heißt also: üben, üben, üben! Getrunken wird Lüttje Lage übrigens auch gerne auf dem Schützenfest.

Die drei warmen Brüder: Hierbei handelt es sich nicht um den Titel eines Films über eine homosexuelle Dreiecksgeschichte mit hannoverschem Lokalkolorit, sondern um die ziemlich treffende Bezeichnung für die drei Türme des Lindener Heizkraftwerks.

Nun bist Du bereits ganz gut im Bilde, was bestimmte hannovertypische Ausdrücke angeht. Jetzt musst Du eigentlich nur noch ein paar Vokabeln büffeln und keiner wird Dich mehr für einen Touristen halten.

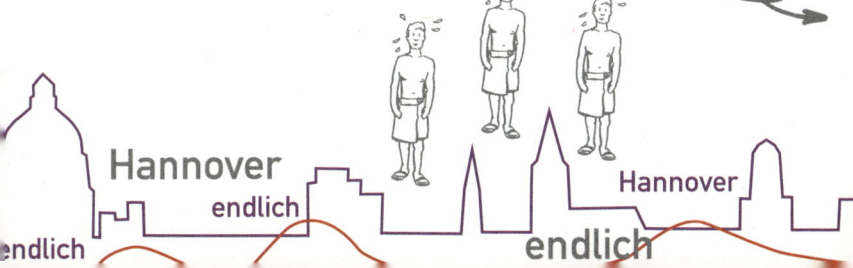

Vokabeln für den Alltag

anbucken oder auch hinbucken	es sich gemütlich machen (an oder auf etwas oder auch jemandem)
Bu(t)tjer	Bengel
Döllmer	dummer Mensch
gewunken	Partizip Perfekt von winken
Japp	Heißhunger oder Durst auf eine ganz bestimmte Sache
kallamatsch	eine vor allem in Kindheitstagen relevante Steigerungsform von Matsch

(Also die gute Sorte Matsch, die Spaß macht. Wer Watt-wanderungen oder die Verwendung der Gießkanne im Sandkasten liebte, hat eine Vorstellung von kallamatsch)

Karwenzmann	großes Ding
kiebig	frech, vorlaut
krökeln	Tischfußball spielen
öllerhaft	überaltert
Pinnökel	so'n Dingsda, das so raussteht

(In Hannover würde man z.B. den Pinnökel durch die Lasche ziehen.)

Piese	Bauer, aber auch unhöflich Mensch

schnökern	Dä...
pöks	klein
rumramentern	rumoren, lärmen
(Rumramentern ist das, was Mitbewohner häufig tun, die spät nachts und ziemlich angetrunken nach Hause kommen.)	
schauderös	abschreckend
Schmacht	Verlangen
(heutzutage eher in Bezug auf eine Kippe gemeint, war „Schmacht haben" ursprünglich der gute alte Hunger)	
schnökern	naschen
stokeln, rumstokeln	sich ungelenk, ungeschickt verhalten

Das große
LEXIKON

Deine Hannover-Notizen

Carrots & Coffee	teige,
Wedekindplatz 1	9.oo – 2o, oo Uhr